Das FFP-Konzept

oder

Der einfache Weg aus dem Stillstand

Das Fußball Konzept des Fußball-Förder-Projektes, kurz FFP, ist eine praktische Darstellung, die allen Spielern, Trainern, Vereinen und auch Verbänden aufzeigen soll, wie der neue Weg zu mehr sportlichen Erfolg und sorgenfreiem Wohlstand aussehen kann.

Dass es dazu allerdings eines rigorosen Umdenkens, vom einfachen Papa-Trainer einer Jugendmannschaft, über die Vereinsführung, bis hin zu regionalen und auch bundesweiten Sportverbänden bedarf, liegt klar auf der Hand.

Denn

Wer zu spät kommt, den straft das Leben!

Ein „weiter so" bedeutet Stillstand

und

Wer nicht mit der Zeit geht, der muss mit der Zeit gehen!

Was übrigens 274 Vereinsauflösungen in 2018 belegen.

Der Autor

Theo Gitzen, geboren 1956 in der Eifel, begann schon früh in der Kindheit mit der Optimierung von Gegenständen und Abläufen.

Während seine Freunde in Kettcars das Dorf hinunterfuhren, baute er sich seine Seifenkisten selbst. Waren sie am Anfang noch langsamer als die gekauften Kettcars, so optimierte er seine Fahrzeuge so lange, bis sie schneller waren als die seiner Freunde. Das zog sich durch sein ganzes, späteres Leben. So wechselte er 1983, als Chemielaborant von der Grundlagenforschung in die Verfahrensoptimierung. Es folgten viele, längere Auslandsaufenthalte und weitere Berufsbilder. Ob als Gerber, Reiseverkehrskaufmann, Reiseveranstalter, Unternehmensberater, Erfinder oder Betreiber einer Internetplattform, überall lernte er neue Dinge kennen.

Seine größte Fähigkeit jedoch ist die Gabe, Dinge und Verfahren, die völlig unterschiedlich sind, miteinander zu verknüpfen. So wie es die Japaner schon 1986 taten, indem sie Studenten in alle Welt schickten um die Wünsche und Gewohnheiten der jeweiligen Bevölkerung kennenzulernen und dann, im Gegensatz zur deutschen Industrie, Produkte zu schaffen, die der Markt fordert und nicht die sie gerne dort verkaufen würden. Und genau deshalb möchte er aufzeigen, dass Leistungsdiagnostik im Amateur- und Jugendfußball kaum Anwendung finde, es jedoch zwingend notwendig wäre diese zu praktizieren.

Mit dem ‚FFP-Konzept' zeigt er auf, dass mit ein wenig Mut zur Veränderung, aus Stillstand und Rückschritt, gleich Erfolg und Gewinn entstehen kann.

Impressum

Bibliografische Informationen der Deutschen Nationalbibliothek:

Die Deutsche Nationalbibliothek verzeichnet diese Publikation in der Deutschen Nationalbibliografie; detaillierte bibliografische daten sind im Internet über http://dnb.dnb.de abrufbar.

2018 Theo Gitzen

Herstellung und Verlag
BoD – Books on Demand, Norderstedt

ISBN- 9783750482531

Inhaltsverzeichnis

Vorweg

Warum ein WEITER SO gleich STILLSTAND bedeutet

Es ist, wie es ist, wird derjenige sagen, der allem Neuen erst einmal skeptisch gegenübersteht und dann akribisch nach dem berühmten „Haar in der Suppe" sucht, um sich seine Ablehnung schönzureden

Er wartet und wurstelt solange, bis ALLE anderen ihn überholt haben. Erst dann wird er sich gezwungenermaßen umorientieren.

Wir müssen was tun, wird derjenige sagen, der erkennt, dass, wenn er so weiter macht, den Anschluss verliert. In der Regel wartet er erst einmal ab und wird nur zögernd kleine Dinge, in der Hoffnung, dass das schon reicht, ändern. Er wird der Entwicklung immer einen Schritt hinterher sein.

Jetzt tun wir etwas! Wird derjenige sagen, der nicht warten will, bis andere es ihm vormachen und beginnt postwendend mit der Umstellung! Er wird kämpfen müssen, sein Umfeld von der Notwendigkeit einer generellen Umwandlung zu überzeugen. Gelingt ihm das, wird er schnell einen gewaltigen Vorsprung gegenüber den „ewig Zögernden" erreichen.

Die Mäusetaktik

Es ist wie bei der berühmten Mäusetaktik von Spencer Johnson (25 Millionenfach verkauft)

Drei Mäusepaare wohnen gemeinsam in einer Höhle und gehen jeden Tag in die Nachbarhöhle um sich dort am großen Käseberg satt zu essen.

Paar 1 (Auf und Davon) wollen nicht jeden Tag das Gleiche machen, also verlassen sie die Gruppe und den scheinbar sicheren Käsehaufen und hauen einfach ab.

Paar 2 (Zögern und Zaudern), machen sich null Gedanken und vertrauen dem großen Käseberg, auf dass er ewig hält und sie ernährt. Sie scheuen alles was neu und anders ist und wollen keine Veränderung!

Paar 3 (Erkennen und Handeln). Sie wissen, dass der Käseberg nicht ewig reichen wird. Und damit sie nicht in Not geraten, erkunden sie neue Höhlen und Wege und sind somit den anderen immer einen Schritt voraus.

Fazit:

Paar 1 hatte keinen Plan und verlief sich in den Weiten des Mäuse-Labyrinthes und wurde nie mehr gesehen.

Paar 2 verhungerte kläglich, da sie bis zuletzt an den Käsevorrat geglaubt hatten und auch nicht bereit waren, obwohl es ihnen andere vormachten neue Wege zu gehen und den Bau zu verlassen.

Paar 3 fand neue Höhlen mit neuem Käse und hielt ständig weiter Ausschau nach ergiebigen Höhlen mit vielversprechenden Käsebergen.

Und genauso verhält es sich im Leben eines Fußballspielers, eines Trainers, in der Geschichte eines Vereins oder gar der eines Fußball-Verbandes. Wer nichts wagt, der auch nichts gewinnt.

Nach einem Hoch kommt meist ein Tief!

Damit man das komplexe System von Auf und Ab versteht, beginnen wir in grauer Vorzeit und schauen uns doch einmal gezielt einige Spieler, Vereine und Verbände etwas genauer an. Allem voraus steht jedoch der Blickwinkel, aus dem man die Entwicklung im Fußball betrachtet. So wird es jedem einleuchten, dass man die Vereinsphilosophien, die Spielgeschwindigkeiten und die technischen Fähigkeiten von damals und heute nicht miteinander vergleichen kann. Eins jedoch ist deutlich zu erkennen. Die Phasen in denen sich etwas grundlegend verändert, werden immer kürzer.

Fußballverbände erleben ihre Glanzzeiten und auch Niedergänge. So dominierte Brasilien mit einer Ausnahme in der Zeit, von 1958 bis 1970 mit seinem Superstar Pele, Deutschland in der Zeit von 1972 bis 1974 mit neuem Spielsystem (Blockbildung zwischen Bayern und Gladbach) und den Stars um Beckenbauer, Netzer und Overath. 1978 bis 1986 waren dann wieder Argentinien mit Maradona als Ball-Zauberer und Italien mit dem kompakten Defensivverhalten die führenden Nationen. 1990 bis 1996 spielten die deutschen Kicker wieder ganz vorne mit. Das lag auch daran, dass Beckenbauer als Bundestrainer nicht mehr auf die Tugenden der 80er, laufen und rennen, setzte, sondern ein kompaktes Team um Lothar Matthäus, Klinsmann und Völler aufbot. 1994 bis 2002 dominierten die Brasilianer und in Europa die Franzosen, die Bühne des Fußballs. Mit Zinedine Zidan revolutionierten die Franzosen die relativ langsame Spielweise der anderen Nationen und setzten erstmals auf schnelle Konter. Mit Spanien begann 2008 der wohl größte, spielbestimmende Umbruch auf der Welt. Perfekt ausgebildete Spieler verwirrten durch ihr berühmtes „Ticki-Tacka" die gesamte Welt und stellten alle anderen Teams vor scheinbar unlösbare Aufgaben. Erst 2014 durchbrach Deutschland diese Dominanz, indem sie einen Systemwechsel vollzogen hatten und plötzlich ebenso gut den Ball beherrschten wie die Spanier und zudem noch Disziplin und eine unbändige Freude am Tore schießen entwickelten. Das dieses kurze Aufblitzen schnell vorbei war, zeigte das frühzeitige Ende bei der Weltmeisterschaft in Russland. Spielfreude, Mut und vor allem die nicht gewonnene Erkenntnis, dass Stillstand gleich Abstieg bedeutet, führte dazu, dass der deutsche Fußball nicht mehr ganz oben angesiedelt ist und dringend einer Reform, bzw. eines Neuaufbaus bedarf.

Warum ist das so?

Nun es ist wie immer im Leben. Der Weg nach oben bedarf im Prinzip nur einiger kleiner Veränderungen und dem Mut diese auch umzusetzen. Das Ziel ist klar definiert und die Gegner meistens überrascht. Aber oben zu bleiben, bedarf der ständigen Optimierung und Veränderung bestehender, festgefahrener Dinge und Wege. Geschieht dies nicht, können sich Mitbewerber schnell auf die Gegebenheiten einstellen und wiederum ihrerseits neue Wege kreieren und den verdutzten „Champion" stürzen. Und dann sehen die Schlagzeilen so wie diese aus. **Niederländer ziehen an DFB-Team vorbei!** Nach dem neuesten Ranking des Weltverbandes FIFA rutschte das Team von Bundestrainer Joachim Löw mit 1580 Punkten um eine Position auf Platz 16 ab. Die Niederländer (1586) hingegen zogen an der DFB-Elf vorbei und liegen nun auf dem 13. Rang. Spitzenreiter ist nach wie vor Belgien mit 1752 Punkten, dahinter folgt Weltmeister Frankreich (1725), der mit dem neuen Dritten Brasilien (1719) die Plätze tauschte. Der Kosovo verbesserte sich nach seinem Sieg gegen Tschechien und der Niederlage in England auf Platz 119 und ist damit so gut platziert wie noch nie. Quelle: Sportinformationsdienst

Fußballvereine sehen sich neuen Herausforderungen oft nicht gewachsen und verpassen so den Anschluss an die nationale und auch internationale Spitze. Wenn man sich überlegt, dass 1955 noch Rot Weiß Essen und der FC Saarbrücken im europäischen Wettbewerb der Landesmeister, zusammen mit Real Madrid, um die Krone in Europa spielten und heute dritt- bzw. viertklassig sind, stellt sich einem schnell die Frage, warum ist bzw. war das so. In 64 Jahren, von 1956 bis 2019, konnten mit Bayern München, Borussia Dortmund und dem HSV, nur drei deutsche Vereine den Titel insgesamt 7 x gewinnen. Davon die Bayern 5 x. Wobei der letzte Gewinn der Champions League auch schon sechs Jahre her ist. Das zeigt, dass selbst die, in der Bundesliga alles dominierenden Bayern, mit insgesamt 28 Titeln, auf europäischer Ebene neben spanischen, englischen und auch italienischen Vereinen, nur eine untergeordnete Rolle spielen. Von anderen Vereinen, wie zum Beispiel Borussia Mönchengladbach, Bremen, Köln, die in der Bundesliga auch schon den ein oder anderen Titel holten, ist auf europäischer Ebene und somit im internationalen Vergleich nicht viel zu sehen. Zu dünn ist der Kader und zu wenig wurde in Top Spieler investiert um in der Königsklasse mithalten zu können. Während die Bayern schon in den 70ern mit dem Merchandising und dem Verkauf von Fanartikeln begannen, verschliefen zum Beispiel die Gladbacher zu ihrer Hochzeit diesen Trend und hielten an den alten Strukturen fest. Danach folgte bei den Bayern das Prinzip der Spieler-Einkäufe. Zum einen wollte man sich verstärken, zum anderen die Gegner schwächen. Spieler wie Kalle del Haie, die bei Gladbach ins System passten, wurden abgeworben und versauerten im wahrsten Sinne des Wortes auf der Bayern Bank. Diese Anpassungen und vor allem „neue" Ideen, verschafften den Bayern gewaltige Vorsprünge gegenüber nationalen Konkurrenten. Zum einen waren (sind) sie auf nationaler Ebene extrem erfolgreich, was sich im Gewinn der Meisterschaft und dem DFB-Pokal zeigt. Zum anderen spielen sie seit Jahrzehnten fast ununterbrochen in der europäischen Königsklasse. Das bringt ihnen nicht nur Geld in die Kasse, sondern auch Spieler in den Verein. Leider haben die meisten deutschen Profibclubs diese Entwicklung verschlafen.

Die Betrachtung der aktuellen „IST-Situation

Um das ganze, sich abzeichnende Dilemma zu verstehen, sollten wir die einzelnenen Profiligen und die damit verbundenen, internationalen Wettbewerbe doch einmal etwas genauer betrachten.

Wir beginnen mit der

Sie ist die sogenannte „Königsklasse" im europäischen Fußball. Wer nach Saisonabschluss einen der oberen Tabellenplätze erreicht hat, darf sich einer Teilnahme und somit eines hohen finanziellen Gewinnes sicher sein.

Teilnahmeprämien:

Champions League Preisgelder Saison 2016/17

Startprämie pro Klub	12,7 Mio. €
pro Sieg / Gruppenphase	1,5 Mio. €
pro Remis / Gruppenphase	0,5 Mio. €
Erreichen Achtelfinale	6,0 Mio. €
Erreichen Viertelfinale	6,5 Mio. €
Erreichen Halbfinale	7,5 Mio. €
Finalverlierer	11,0 Mio. €
Finalsieger	15,5 Mio. €

Maximale Erfolgsprämie
57,2 Mio. €

Zu diesen Preisgeldern kommen dann noch die Gelder aus dem TV-Pool hinzu.

In der Saison 2015/16 nahmen vier deutsche Teams an der Champions League teil: FC Bayern München, VfL Wolfsburg, Borussia Mönchengladbach und Bayer Leverkusen. Ihre gesamten Einnahmen aus dem Wettbewerb setzen sich aus den Festprämien und dem Anteil des TV-Pools zusammen – bei Leverkusen kommt noch die Prämie aus den Playoffs hinzu. Alle Angaben in Millionen.

Verein	Playoffs	Festprämien	TV-Pool	Gesamt
FC Bayern München	-	38,5	25,9	**63,4**
VfL Wolfsburg	-	29,9	20,4	**50,3**
Borussia Mönchengladbach	-	14,6	12,6	**27,2**
Bayer Leverkusen	2,0	15,1	9,6	**26,7**

Quelle: Europapokal.de

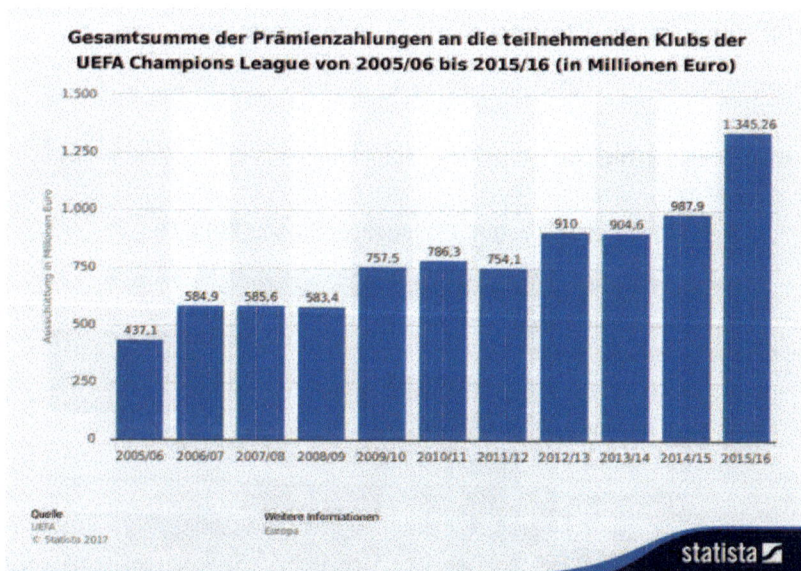

Gesamtsumme der Prämienzahlungen an die teilnehmenden Klubs der UEFA Champions League von 2005/06 bis 2015/16 (in Millionen Euro)

Saison	Ausschüttung in Millionen Euro
2005/06	437,1
2006/07	584,9
2007/08	585,6
2008/09	583,4
2009/10	757,5
2010/11	786,3
2011/12	754,1
2012/13	910
2013/14	904,6
2014/15	987,9
2015/16	1.345,26

Quelle
UEFA
© Statista 2017

Weitere Informationen:
Europa

statista

Die Champions League Teilnahmen deutscher Clubs.
von 1992 bis 2017

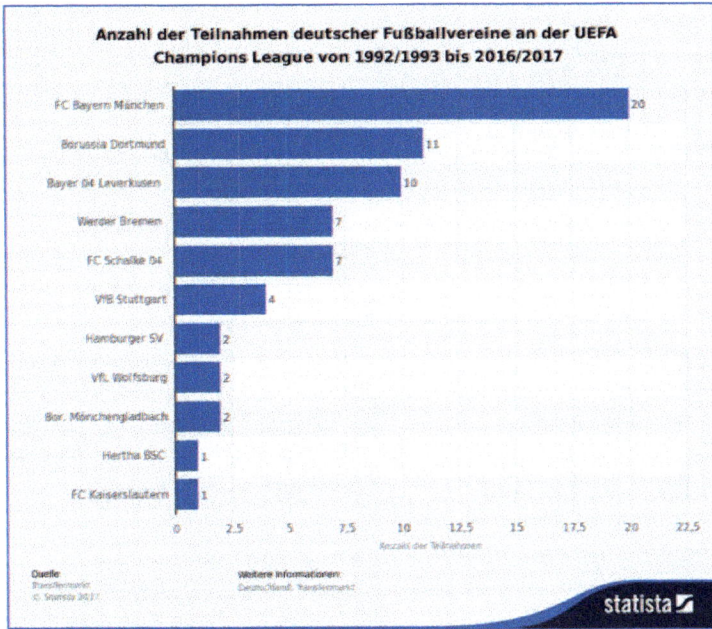

Anzahl der Teilnahmen deutscher Fußballvereine an der UEFA Champions League von 1992/1993 bis 2016/2017

In den letzten 25 Jahren haben lediglich 11 unterschiedliche Bundesligaclubs an der Champions-League teilgenommen. Die restlichen Vereine, mussten sich, in der UEFA-League, sofern sie diesen erreichten, mit viel weniger Geld zufriedengeben. Alle anderen gingen leer aus.

Die Champions League Gewinner von 1956 bis 2019
Gelb unterlegt = deutsche Teams)

1956	Real Madrid		1974	Bayern München
1957	Real Madrid		1975	Bayern München
1958	Real Madrid		1976	Bayern München
1959	Real Madrid		1977	Liverpool FC
1960	Real Madrid		1978	Liverpool FC
1961	SL Benfica		1979	Nottingham Forest
1962	SL Benfica		1980	Nottingham Forest
1963	AC Mailand		1981	Liverpool FC
1964	Inter Mailand		1982	Aston Villa
1965	Inter Mailand		1983	Hamburger SV
1966	Real Madrid		1984	Liverpool FC
1967	Celtic FC		1985	Juventus Turin
1968	Manchester United		1986	Steaua Bukarest
1969	AC Mailand		1987	FC Porto
1970	Feyenoord Rotterdam		1988	PSV Eindhoven
1971	Ajax Amsterdam		1989	AC Mailand
1972	Ajax Amsterdam		1990	AC Mailand
1973	Ajax Amsterdam		1991	Roter Stern Belgrad

1992	FC Barcelona		2010	Inter Mailand
1993	Olympique Marseille		2011	FC Barcelona
1994	AC Mailand		2012	Chelsea FC
1995	Ajax Amsterdam		2013	Bayern München
1996	Juventus Turin		2014	Real Madrid
1997	Borussia Dortmund		2015	FC Barcelona
1998	Real Madrid		2016	Real Madrid
1999	Manchester United		2017	Real Madrid
2000	Real Madrid		2018	Real Madrid
2001	Bayern München		2019	Liverpool FC
2002	Real Madrid			
2003	AC Mailand			
2004	FC Porto			
2005	Liverpool FC			
2006	FC Barcelona			
2007	AC Mailand			
2008	Manchester United			
2009	FC Barcelona			

Ein weiterer, wenn auch zweitrangiger, internationaler Wettbewerb ist die

Die **UEFA Europa League** ist nach der UEFA Champions League der zweithöchste von der UEFA organisierte Fußball-Europapokalwettbewerb für Vereinsmannschaften. Sie wurde 1971 unter dem Namen **UEFA Cup**, zu Deutsch in Deutschland **UEFA-Pokal**, in Österreich und in der Schweiz **UEFA-Cup**, als dritter Europapokalwettbewerb (EC3) begründet und 1999/2000 mit dem aufgegebenen Europapokal der Pokalsieger zusammengelegt. Ihren heutigen Namen erhielt sie nach der Saison 2008/09. Der Wettbewerb umfasst in seiner derzeitigen Form eine aus drei Runden bestehende Qualifikationsphase, eine Play-off-Runde und den Hauptwettbewerb, der aus einer Gruppenphase und fünf daran anschließenden K.-o.-Runden besteht.[1] Der Gewinner des Wettbewerbs spielt seit 2000 gegen den Sieger der UEFA Champions League um den UEFA Super Cup und erhält seit der Saison 2014/15 einen Startplatz in der UEFA Champions League der folgenden Saison.[2]

Rekordsieger ist mit fünf Titeln der FC Sevilla.

Quelle: Wikipedia

Preisgelderverteilung

Verteilung der Einnahmen in der UEFA Europa League 2019/2020	in Euro	Anteil
Gesamt	560.000.000	
Leistungsabhängige Prämien	168.000.000	30,00%
Marktpool (variabel)	168.000.000	30,00%
Startprämien	140.000.000	25,00%
UEFA Koeffizientenrangliste	84.000.000	15,00%

Quelle: fussball-geld.de

Europa-League-Prämien für die Saison 2015/16

Neben den Zahlungen in der Europa-League selbst, können Teams auch in Qualifikationsspielen Gelder sammeln. Der Sieger des Wettbewerbs kann darüber hinaus auch im Supercup abkassieren. So nahm der FC Sevilla damals drei Millionen Euro ein, obwohl er im Supercup gegen Barcelona verlor.
Quelle: europapokal.de

Ähnlich wie auch in der Champions League, haben sich die Prämien innerhalb des Wettbewerbes in den letzten Jahren von 125 Mio. in 2010 auf fast 560 Mio. in 2019 fast vervierfacht.

Und wie sieht es in der Bundesliga aus?

Betrachten wir zuerst einmal, wer von allen ehemaligen und aktuellen Erstligisten die Deutsche Meisterschaft (1963-2019) gewonnen hat.

Der Verlauf der errungenen Meisterschaften innerhalb der Bundesliga zeigt, dass noch in den Gründungsjahren von 1963 bis 1968 nur fünf unterschiedliche Vereine Deutscher Meister wurden. Zwei davon haben den Anschluss nach ganz oben nie wieder geschafft. Danach begann die Zeit der Bayern und Gladbacher. Und auch hier zeigt sich, dass die Gladbacher es nach 1977 nie mehr zu einem weiteren Titel geschafft haben. Eine solide Vereinspolitik, ließ den Verein zwar immer stabil dastehen, jedoch musste man sich auch viele Saisons mit Ab- und Aufstieg begnügen, um letztendlich im Mittelmaß zu verschwinden. Ähnlich erging es den Bremern und auch Stuttgart. Lediglich die Dortmunder haben in den letzten Jahren erkannt, dass sie andere Wege gehen müssen, um ganz oben mitzuhalten und sind zur Zeit einer der großen Konkurrenten zum großen, alles überragenden FC Bayern München. Seit einigen Jahren jedoch steigt mit dem RB Leibzig ein neuer Stern am Bundesligahimmel auf.

Hier hat man, gegen alle Widerstände, einen völlig neuen Weg beschritten und auf eine koordinierte Ausbildung und Umsetzungsphilosophie gesetzt. Hauptakteure jedoch sind die Macher von Red Bull, die gemeinsam mit Ralf Rangnick den Weg der Innovation gehen und ein solides Fundament vom Nachwuchs bis zur Profiabteilung aufgestellt haben. Ähnliche Ansätze in anderen Proficlubs sind kaum zu erkennen. Lediglich Leverkusen und in Ansätzen auch Gladbach versuchen mit neuen Konzepten den Anschluss an die Spitze zu halten.

Die Dominanz der Bayern kann über lange Sicht nur von Vereinen, die neue Wege gehen, gebrochen werden. Oder die Bayern selbst schwächeln und passen sich dem Niveau der anderen an.

Die nachfolgende Tabelle unterstreicht die Dominanz der Bayern in der Bundesliga.

Saison	Deutscher Meister	Anzahl Titel	
2018/2019	FC Bayern München	28. Titel	1
2017/2018	FC Bayern München	27. Titel	
2016/2017	FC Bayern München	26. Titel	
2015/2016	FC Bayern München	25. Titel	
2014/2015	FC Bayern München	24. Titel	
2013/2014	FC Bayern München	23. Titel	
2012/2013	FC Bayern München	22. Titel	
2011/2012	Borussia Dortmund	5. Titel	2
2010/2011	Borussia Dortmund	4. Titel	
2009/2010	FC Bayern München	21. Titel	
2008/2009	VfL Wolfsburg	1. Titel	

2007/2008	FC Bayern München	20. Titel	
2006/2007	VfB Stuttgart	3. Titel	
2005/2006	FC Bayern München	19. Titel	
2004/2005	FC Bayern München	18. Titel	
2003/2004	Werder Bremen	4. Titel	4
2002/2003	FC Bayern München	17. Titel	
2001/2002	Borussia Dortmund	3. Titel	
2000/2001	FC Bayern München	16. Titel	
1999/2000	FC Bayern München	15. Titel	
1998/1999	FC Bayern München	14. Titel	
1997/1998	1. FC Kaiserslautern	2. Titel	
1996/1997	FC Bayern München	13. Titel	
1995/1996	Borussia Dortmund	2. Titel	
1994/1995	Borussia Dortmund	1. Titel	
1993/1994	FC Bayern München	12. Titel	
1992/1993	Werder Bremen	3. Titel	
1991/1992	VfB Stuttgart	2. Titel	
1990/1991	1. FC Kaiserslautern	1. Titel	
1989/1990	FC Bayern München	11. Titel	
1988/1989	FC Bayern München	10. Titel	
1987/1988	Werder Bremen	2. Titel	
1986/1987	FC Bayern München	9. Titel	
1985/1986	FC Bayern München	8. Titel	
1984/1985	FC Bayern München	7. Titel	
1983/1984	VfB Stuttgart	1. Titel	
1982/1983	Hamburger SV	3. Titel	5

1981/1982	Hamburger SV	2. Titel
1980/1981	FC Bayern München	6. Titel
1979/1980	FC Bayern München	5. Titel
1978/1979	Hamburger SV	1. Titel
1977/1978	1. FC Köln	2. Titel
1976/1977	Borussia Mönchengladbach	5. Titel
1975/1976	Borussia Mönchengladbach	4. Titel
1974/1975	Borussia Mönchengladbach	3. Titel
1973/1974	FC Bayern München	4. Titel
1972/1973	FC Bayern München	3. Titel
1971/1972	FC Bayern München	2. Titel
1970/1971	Borussia Mönchengladbach	2. Titel
1969/1970	Borussia Mönchengladbach	1. Titel
1968/1969	FC Bayern München	1. Titel
1967/1968	1. FC Nürnberg	1. Titel
1966/1967	Eintracht Braunschweig	1. Titel
1965/1966	TSV München 1860	1. Titel
1964/1965	Werder Bremen	1. Titel
1963/1964	1. FC Köln	1. Titel

Quelle: http://www.bulibox.de/bundesliga/deutsche-meister.html, 2019

Neben der Bundesliga gibt es noch den Pokalwettbewerb, der ebenfalls jährlich ausgetragen wird. Es ist der einzige Wettbewerb, bei dem auch Amateurmannschaften die Chance haben, ihr ohnehin schon schmales Budget durch Teilnahme- und Fernsehgelder aufzustocken.

DFB-POKAL

Der **DFB-Pokal** (bis 1943 *Tschammerpokal*) ist ein seit 1935 ausgetragener Fußball-Pokalwettbewerb für deutsche Vereinsmannschaften. Er wird jährlich vom Deutschen Fußball-Bund (DFB) veranstaltet und ist nach der deutschen Meisterschaft der zweitwichtigste Titel im nationalen Vereinsfußball.

Für die erste Hauptrunde sind jeweils 18 Vereine der Bundesliga und 2. Bundesliga qualifiziert sowie die ersten vier Mannschaften der 3. Liga zum Ende der Vorsaison. Dazu kommen 24 Mannschaften aus den unteren Ligen, in der Regel die Verbandspokalsieger (siehe Teilnehmer). Die Paarungen werden vor jeder Runde ausgelost. Um den Mannschaften aus dem Amateurbereich so weit wie möglich attraktive Gegner aus den oberen Ligen zuzulosen, werden in den ersten beiden Runden zwei getrennte Losbehälter mit Amateur- und Profimannschaften gefüllt und zunächst jeder Amateurmannschaft ein Bundesligist zugelost. Die verbleibenden Bundesliga-Vereine werden dann auf die restlichen Begegnungen verteilt. Die Einzelheiten, beispielsweise welchem Lostopf die aktuellen Auf- und Absteiger zugeordnet werden, sind im Abschnitt *Auslosung* beschrieben. Die Nicht-Bundesligisten erhalten für Partien gegen Bundesligisten automatisch Heimrecht. Ein Tausch des Heimrechts ist laut § 49[1] der Durchführungsbestimmungen verboten.[2] Der Sieger des DFB-Pokals wird nach dem K.-o.-System ermittelt. Steht es in einer Partie nach regulärer Spielzeit unentschieden, kommt es zur Verlängerung. Ist das Spiel auch dann nicht entschieden, wird der Sieger durch Elfmeterschießen ermittelt. Seit 1985 wird das Finale des DFB-Pokals im Berliner Olympiastadion ausgetragen.

Die Prämien

Runde	Prämie pro Verein (in Euro)
1. Runde	175.500
2. Runde	351.000
Achtelfinale	702.000
Viertelfinale	1.404.000
Halbfinale	2.808.000
Finale*	

Quelle: spox.com

Im Klartext heißt das, dass mindesten 24 Amateurvereine pro Jahr, mindestens 175.000 € für die Teilnahme am DFB Pokal erhalten. Erreichen sie die zweite Runde, verdoppelt sich dieser Betrag.

Umsätze der Bundesliga:
Womit wird im Fußball Geld verdient?

Schauen wir uns nun einmal die Einnahmequellen im Profi-fußball etwas genauer an.

Ralf Leister hat sich hierzu Gedanken gemacht und mir erlaubt, diese hier zu veröffentlichen.

Quelle: 3. August 2016 Autor Ralf Leister

https://fussballwirtschaft.de/wp-content/cache/all/index.html

Durch die hohen Summen, die in der Fußball-Branche bewegt werden, können wir die Fußballclubs auch als Fußballunternehmen bezeichnen. Diese unterscheiden sich jedoch in einigen Aspekten von klassischen Unternehmen. Die so genannten Umsatztreiber sind der Fokus dieses Artikels. Wir beantworten die Frage: *Womit verdienen Fußballclubs ihr Geld?* Die untenstehende Grafik ist die Grundlage für diesen Beitrag und zeigt die Relevanz der einzelnen Umsatztreiber für die Bundesliga in der Saison 2015/16.

Umsätze der Saison 2015/16: 3,24 Milliarden Euro

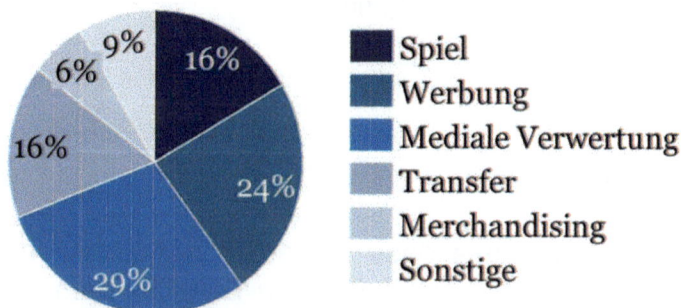

Umsätze der Bundesliga nach Kategorie gemäß des Bundesligareports 2017

Im Folgenden werden die einzelnen Kategorien kurz und knapp erläutert.

Mediale Verwertung

Die mediale Verwertung trägt zu 29 % (= 933 Millionen €) der Umsätze der Bundesliga bei. Der Begriff ist eine Umschreibung für die Erlöse aus den zentral vermarkteten TV-Rechten. Den Prozess der Vermarktung kannst Du Dir wie folgt vorstellen:

Die Deutsche Fußball Liga (DFL) besitzt die Rechte an der Vermarktung der Bundesliga-Spiele. Für bestimmte Vertragslaufzeiten verkauft sie diese an verschiedene Medienunternehmen.

Sowohl im aktuell laufenden, als auch im verlängerten Vertrag ist Sky der Hauptabnehmer. Die erworbene Lizenz erlaubt es dem Pay TV-Sender, die Spiele der Bundesliga live zu übertragen.

Darüber hinaus zahlen aber auch die öffentlich-rechtlichen Sender ARD und ZDF für bestimmte Pakete. Genannt seien beispielsweise die Rechte für die Sportschau bzw. das aktuelle Sportstudio. In beiden Sendungen werden Ausschnitte der Bundesliga-Partien gezeigt.

Die Einnahmen aus dieser Vermarktung verteilt die DFL auf Basis eines vorher definierten Verteilungsschlüssels an die Fußballclubs. Aktuell richtet sich die Verteilung nach den sportlichen Erfolgen der Clubs während der letzten 5 Saisons.

Ab der Saison 2017/2018 steigt die Summe der zu verteilenden Fernsehgelder auf 1,13 Milliarden € pro Jahr.

Die zentrale Vermarktung der Rechte für eine gesamte nationale Liga ist europaweit mittlerweile üblich. Als letzte europäische Top-Liga führte die spanische Primiera Division die zentrale Vermarktung der TV-Rechte erst im letzten Jahr ein. Zuvor wurden die TV-Rechte in Spanien von jedem Club einzeln vermarktet.

Werbung

Mit 24 % (= 772 Millionen €) ist Werbung der zweit wichtigste Treiber für die Umsätze der Bundesliga. Hierbei gibt es eine Vielzahl von Möglichkeiten, wie die Fußballclubs Werbung für sich nutzen können. Zum einen ist das Sponsoring in seinen vielfältigen Ausgestaltungsmöglichkeiten in diesem Zusammenhang zu nennen. Zum anderen gibt es die bekannten TV-Spots, wie wir sie vorzugsweise vom FC Bayern München oder der Nationalmannschaft kennen.

Beide genannten Möglichkeiten schauen wir uns im Folgenden an.

Sponsoring

Es gibt diverse Arten von Sponsoring-Kooperationen. Am bekanntesten ist wohl das so genannte Trikot-Sponsoring. Hierbei zahlt der Sponsoring-Geber (in der Regel ein Unternehmen) Geld an den Sponsoring-Nehmer (die betrachteten Fußballclubs).

Als Gegenleistung für das Geld werden die Trikots mit dem Logo oder dem Slogan des Unternehmens bedruckt. Erfahrungsgemäß erfährt der Sponsoring-Geber dadurch eine höhere Aufmerksamkeit.

Zusätzlich profitieren beide Parteien vom gegenseitigen Image-Transfer. Aus diesem Grund ist es besonders wichtig, dass sowohl Sponsoring-Geber, als auch -Nehmer darauf achten, in der Öffentlichkeit ein gutes Ansehen zu wahren.

In den meisten Fällen möchte ein Unternehmen wohl kaum als Sponsor eines Skandalclubs, der regelmäßig für Aufruhr sorgt, auftreten. Einzige Ausnahme ist in diesem Fall, wenn das Unternehmen für Skandale stehen möchte und mit diesen assoziiert werden möchte. Dies ist wohl eher ungewöhnlich, aber durchaus möglich.

Ab der Saison 2017/18 dürfen die Clubs sogar ihre Trikotärmel nach Ablauf der Kooperation mit Hermes wieder individuell verkaufen. Neben dem Hauptsponsor hat somit ein zweites Unternehmen die Möglichkeit auf dem Trikot eines bestimmten Clubs wahrgenommen zu werden.

Darüber hinaus gibt es weitere Möglichkeiten des Sponsorings, die hier nur kurz aufgeführt werden. Bei jeder Form des Sponsorings erhofft sich der Sponsoring-Geber – wie beim Trikot-Sponsoring – einen Image-Transfer sowie eine höhere Aufmerksamkeit.

Ausrüsterverträge (Sport)

Die klassischen Sportmarken wie Adidas und Nike zahlen den Fußballclubs hohe Millionensummen, um deren Ausrüstung (Trikots, Hosen, Stutzen, Schuhe, Trainingsanzüge etc.) bereit zu stellen. Zusätzlich zu geflossenen Geldern erhalten die Fußballclubs durch diese Verträge ihre gesamte Ausrüstung.

Ausrüsterverträge (Auto)

Ebenfalls durchaus populär sind Verträge zwischen Fußballclubs und Autoherstellern. Dieses Phänomen gibt es nicht erst seitdem **Jürgen Klopp** für Opel mit „Umparken im Kopf" wirbt.

Beispielsweise erhalten die Spieler des **FC Bayern München** Autos vom Sponsor (und Gesellschafter) Audi. Drei Mal darfst Du raten, welche Automarke die Spieler des **VfL Wolfsburg** fahren. Richtig: VW ☺

Stadion

Ein Großteil der Fußballclubs vergibt Partnerschaften für die Namensrechte am Stadion. Als Hamburger (und HSV-Fan) habe ich schon viele Stadionnamen miterlebt: Begonnen beim Volksparkstadion, über die AOL-, HSH Nordbank- und Imtech-Arena zurück zum Volksparkstadion. Zusätzlich dazu erhalten die Fußballclubs Geld für Werbeflächen im Stadion. An dieser Stelle sind insbesondere die Banner am Spielfeldrand zu nennen.

Reisen

In der jüngsten Vergangenheit gerieten einzelne Fußball-clubs bzgl. ihrer Reisen nach Asien während der Vorbereitung in die Kritik. Die Spieler legen hierbei tausende Kilometer binnen weniger Tage zurück und durchleben verschiedenste Zeitzonen. Als Vergütung winkt nicht nur eine beträchtliche Aufwandsentschädigung (6-stellig bis hin zu niedrigen einstelligen Millionen-Beträgen).D ie Reisen spielen über den Zeitraum des Aufenthalts in Asien eine große Rolle. Den Fußballclubs (und der Bundesliga) geht es hierbei um den Aufbau einer Marke in fußballinteressierten Regionen Asiens. Es ist davon auszugehen, dass hierdurch in Zukunft ein positiver Effekt hinsichtlich der TV-Vermarktung eintritt, sofern Spiele zukünftig in Asien live übertragen werden.

Neben diesen gängigen Sponsoring-Formen sind weitere denkbar. Sowohl das Stadion-Bier, als auch die Stadion-Wurst können gesponsert sein.

TV-Spots

Ähnlich wie beim Sponsoring wenden sich klassische Unternehmen an die Fußballclubs, um sie für TV-Spots zu engagieren. Sie erhoffen sich, vom Image-Transfer und der Bekanntheit des Fußballs zu profitieren. Dafür erhalten die einzelnen Clubs eine Art Gage.

Bekannte Beispiele sind die Commerzbank & früher Nutella (beide **Nationalmannschaft**) sowie Lufthansa (**FC Bayern München**).

Spieltags-Einkünfte

Einnahmen aus den Spieltagen tragen zu 16 % (= 528 Millionen €) der Umsätze der Bundesliga bei. Hierunter fallen alle Einnahmen, die die Fußballclubs während der Spiele ihrer Profimannschaft erzielen.

Größte Einnahmequelle dieser Kategorie sind mit Sicherheit die Eintrittsgelder. Die Fans sorgen nicht nur regelmäßig für eine atemberaubende Stimmung, sondern unterstützen ihren Lieblingsclub auch mit den dafür gezahlten Ticketpreisen.

Besondere Aufmerksamkeit in diesem Bereich kommt den VIP- (oder Logen-) Plätzen zu. Diese tragen vermutlich weniger zu der Gänsehaut-Stimmung bei, sind dafür aber umso teurer. Die Höhe der Eintrittspreise richtet sich in den meisten Fällen nach dem Gegner, der im Stadion empfangen wird. So wird ein **Werder**-Fan in einer Sitzplatzkategorie für ein Spiel gegen den **FC Bayern München** vermutlich mehr zahlen als für ein Spiel gegen **Darmstadt 98**.

Ebenfalls in diese Kategorie, aber mit einer geringeren finanziellen Relevanz, fallen die Einnahmen aus dem Verkauf von Speis- & Trank während der Spiele.

Transfererlöse

Unter dem Umsatztreiber *Transfererlöse* können sich wahrscheinlich viele bereits etwas vorstellen. Sie tragen zu 16 % (= 533 Millionen €) der Umsätze der Bundesliga bei.

Tendenz steigend!

Ablösesummen werden hierbei immer dann fällig, wenn ein Spieler/ Trainer/ Manager trotz eines noch laufenden Vertrags den Club wechselt. Der abgebende Club erhält diese als Entschädigung für die vorzeitige Beendigung und den Verzicht auf Weiterbeschäftigung. Vor 1998 musste auch im Falle eines ausgelaufenen Vertrags eine Ablösesumme gezahlt werden. Diese Regelung wurde jedoch nach dem so genannten *Bosman-Urteil* aufgehoben.

Merchandising

Vermutlich jeder leidenschaftliche Fußballfan trägt zu den Merchandising-Einnahmen seines Lieblingsclubs bei. Diese haben einen Anteil von 6 % (= 202 Millionen €) der Umsätze der Bundesliga. In dieser Kategorie werden alle Einnahmen gebündelt, die aus dem Verkauf von Fanartikeln entstehen. Angefangen bei Trikots, Hosen und Schals über Autoflaggen, Kennzeichen-Halter, bis hin zu Flaschenöffnern sind der Fantasie keine Grenzen gesetzt.

Sonstige

Natürlich gibt es auch Umsätze der Bundesliga, die sich keiner der genannten Kategorien zuordnen lassen. Diese haben einen Anteil von 9 % (= 277 Millionen €). Ich möchte auf eine ganz bestimmte Einkunfts-Art in diesem Bereich eingehen: Die Mitgliedsbeiträge. Der Grund, warum ich diese so besonders finde, ist der Folgende: Wie bereits im Beitrag zur Kommerzialisierung der Bundesliga erläutert, sind die Fußballclubs in einer Vereins-struktur gestartet. Rechtlich gesehen bedeutet dies die Organisation als eingetragener Verein (e.V.). Hierbei werden Mitglieds-beiträge in juristischer Literatur über diese Organisations-form häufig als maßgebliche Finanzierungsquelle genannt. Wie wir ebenfalls im vorherigen Artikel gesehen haben, sind nur noch 4 der 18 Bundesligaclubs als e.V. organisiert. Dennoch dürfte klar sein: Keiner dieser Clubs wird maßgeblich durch die Mitgliedsbeiträge finanziert.

Sein Fazit zu Umsätzen der Bundesliga

Über die Hälfte ihrer Umsätze (53 %) erzielen die Fußballclubs aus medialer Verwertung und Werbung. Gemeinsam mit den Erlösen aus den Spieltagen führen diese zu gut 2/3 (69 %) aller Umsätze.

Meine Feststellung:

Ähnlich wie in der Formel 1, wo Hamilton Rennen für Rennen gewinnt, schleicht sich auch beim Fußball durch die übermächtige Dominanz der Bayern eine gewisse „Interessenmüdigkeit" bei den meisten Zuschauern ein.

Beide – Hamilton und auch die Bayern scheinen eine Klasse für sich zu sein. Konzentrieren wir uns aber auf den deutschen Profifußball und insbesondere auf die Bayern.

Bei aller Euphorie birgt diese Dominanz jedoch eine große Gefahr, sowohl für die Bayern, als auch für den gesamten Fußball.

Gefahr Nr. 1 Langeweile

Wenn der Gegner so gut wie Chancenlos ist und der Vorsprung in der Tabelle immer größer wir, sinkt das Interesse der Zuschauer

Gefahr Nr. 2 Niveauverlust

Wenn in der eigenen Liga keine gleichwertigen Gegner mehr zu finden sind, passt sich das spielerische Niveau dem der Gegner an. Man tut nur so viel, wie man gerade muss.

Gefahr Nr. 3 Verlust der Konkurrenzfähigkeit

Sie ist das Resultat aus „Gefahr 2". Trifft nun der FC Bayern in der Champions League auf Mannschaften, die in ihren Landesverbänden auf eine breitere, ebenbürtige Konkurrenz treffen, (Spanien, England) muss er sich quasi in jedem Spiel enorm steigern um mit diesen Mannschaften mithalten zu können. Wer das aber nicht mehr gewohnt ist, weil die eigene Liga im internationalen Vergleich zu schwach ist, der bekommt schnell Probleme.

Gefahr Nr. 4 Verlust der Einnahmequelle „Fernsehgelder".

Die Einnahmen aus Fernseh- und Übertragungsrechten fast 1/3 aller Einnahmen aus. Bleiben diese aus, kann selbst ein Verein wie Bayern München auf die Dauer nicht oben mitspielen und sich teuerste Spielereinkäufe erlauben.

Gefahr Nr. 5
Vernachlässigung der Amateurvereine

Je höher der „Überlebensdruck" in den Profivereinen wird, desto größer ist die Gefahr, dass freie Gelder für die Nachwuchsarbeit oder den Amateurfußball im Allgemeinen nicht mehr vorhanden sind. Geld und Erfolg stehen an erster Stelle, und der Nachwuchsförderung wird quasi das Wasser durch Fremdeinkäufe abgedreht.

Düstere Aussichten!

Noch schlimmer zeichnet sich die Entwicklung im deutschen Amateur- und Jugendfußball ab.

Auch wenn mittlerweile sehr viele Jungtalente über Spielervermittler aus dem Ausland importiert werden, so beginnt doch fast jede kleine Karriere in den Jugendmannschaften kleiner Amateurvereine. Wenn man jedoch von Amateurvereinen spricht, so sollte man zuerst klar zwischen den Vereinen, die in den Kreis-, Bezirks und denen, die in der Verbands, Landes- und Regionalligen (4. Liga) spielen, unterscheiden.

Können sich die Vereine in den oberen Amateurligen noch durch Eintrittsgelder, Mitgliedsbeiträgen, Pokal-Teilnahmeprämien, Sponsorenzuwendungen und Spielerverkäufen (bedingt) entsprechend finanzieren, so dümpeln Vereine in den unteren Spielklassen aufgrund ihrer Philosophie, oft vor sich hin und bewegen sich am Existenzminimum. Das führt dazu, dass Aufstiegsambitionen mangels Masse und Spielerpotential schnell at akter gelegt werden. Es bleibt dann oft beim „Spaß-Verein". Selbst wenn versucht wird, wirklich etwas zu bewegen, werden gute Ansätze oft durch festgefahrene Strukturen und Personen blockiert.

Das größte Übel liegt jedoch darin begraben, dass die wenigen Gelder aus Mitgliedsbeiträgen und Zuwendungen durch Sponsoren, in die optische Ausstattung (Trainingsanzüge, Sporttaschen, Trikotsätze etc.) der Spieler und Mannschaften fließen, anstatt dieses Geld in die Bezahlung und Ausbildung von Trainern und Betreuern zu investieren. Das wiederum führt dazu, dass bis auf wenige Trainingsgeräte (Bälle, Stangen, Hütchen und Tore), keine weiteren, sinnvollen Gerätschaften angeschafft, bzw. eingesetzt werden, was wiederum zur Folge hat, dass die

meisten Nachwuchsfußballer/Innen exterm schlecht ausgebildet sind.

Schauen wir uns diese IST-Situation doch einmal etwas
genauer an. Dabei ist es fast egal, ob es sich um Vereine aus
den Städten oder aus den Landkreisen handelt.

Die meisten Vereine unterhalten neben Jugend, Erwachsen-
en- und Altherrenmannschaften oft auch noch andere Sport-
arten unterschiedlichster Art, auf die wir aber an dieser Stelle
nicht eingehen wollen.

In vielen Fällen gibt es innerhalb eines Vereins eine 1. und
eine 2. Herrenmannschaft, eine Damenmannschaft und ein
oder zwei Altherrenmannschaften. Im Jugendbereich sind
fast alle Altersklassen oft doppelt vertreten. Bei den Mädchen
beginnt dies oft erst ab der B-Jugend.

Ist der Zulauf bei der G, F und E-Jugend noch groß, dünnt
sich der Teilnehmer (Spieler) Anteil sukzessive aus.
Gemeldete Mannschaften verfügen gerade Mal über die
notwendige Spieleranzahl. Das Ergebnis ist dann oft, dass
Mannschaften vom Spielbetrieb abgemeldet werden oder
man mit anderen Vereinen fusioniert und sogenannte
Spielgemeinschaften bildet. Für eine kurze Zeit (3-5 Jahre)
scheint dies die einzige Möglichkeit zu sein, den/die Vereine
am Leben zu halten. Ein positiver Nebeneffekt der
Flüchtlingszuströme sind Kinder und auch jungen
Erwachsenen, die fußballbegeistert und oft auch sehr
talentiert sind und somit die personellen Lücken der
Mannschaften füllen. Anstelle das Vereine und Trainer diese
Chance nutzen, werden Spieler einfach auf die offenen
Positionen gesetzt und ihre Potentiale Mangels Interesse
und auch Weitsicht des Trainers, nicht erkannt bzw.
ausgebaut. Im Gegenteil! Spieler passen sich schnell dem
Niveau der Mannschaft an und werden somit nicht zum

Leader, sondern zu Spieler X im Team. Ebenfalls ist in vielen Amateurvereinen festzustellen, dass die neuen Spieler (Flüchtlinge) schnell dem Spaß-Ritual ALKOHOL unterzogen werden und sich innerhalb kürzester Zeit an das „Vereinsniveau" anpassen. Durch diese Umstände gehen den Verbänden und dem deutschen Fußball im Allgemeinen täglich viele Talente verloren. Da helfen auch nicht die etwas mehr als 350 DFB Stützpunkte, die über Deutschland verteilt sind und nur eine reine Teilnehmerverwaltung betreiben. Viel wichtiger wäre eine neue, Vereinsübergreifende Reform, die schon bei den kleinsten Vereinen ansetzt und diese entsprechend unterstützt. Ein DFB-Mobil, welches für die Spieler eine willkommene Abwechslung ist und auch medial von der Mannschaft/Trainer ausgeschlachtet wird, zeigt jedoch das, dass wirkliche Ziel, Trainer zu unterstützen, schon dahingehend unwirksam ist, dass bis auf den eigentlichen Mannschafts-Staff kaum ein weiterer Trainer des Vereins anzutreffen ist.

Wie sieht es in der „Spielerlandschaft" aus?

Hier ist der rasante Umbruch im internationalen Fußballgeschehen am deutlichsten fortgeschritten bzw. zu sehen. War es in den 50, 60, 70 und teilweise auch in den 80ern, noch möglich Vereine über ihre Spieler zu definieren, (Beckenbauer =FCB, Netzer = BMG, Overath= 1.FC Köln, Seeler= HSV u.s.w.), so wechseln heute Spieler x-Mal den Verein um an das große Geld zu kommen. Kannte man noch vor 40 Jahren fast jeden Spieler eines Vereines, weil diese über Jahre dort spielten, so sieht das heute ganz anders aus. Als passiver Fan eines Vereins kann ich, sofern ich mich nicht ständig mit der aktuellen Mannschaftsaufstellung befasse, schon innerhalb nur einer Saison völlig den

Überblick über die Spieler und deren Positionen verlieren. In den kleineren Amateurvereinen sieht das in Deutschland jedoch ganz anders aus. Spielerwechsel finden zwar auch statt, gehen aber meist ohne Gewinnmitnahme über die Bühne. Dass das so ist, liegt zweifelsohne an der Philosophie von Vereinen und Verbänden. Zu eingefahren sind hier die allgemeinen Strukturen bei den Aus- bzw. Fortbildungsmaßnahmen, bei der Talentsichtung- und Förderung von Trainern, Betreuern, Vereinen und auch Verbänden. In den wenigsten Amateurvereinen gibt es eine mannschaftsübergreifende Koordination der erforderlichen Trainingsmaßnahmen, noch eine gezielte Trainerkoordination. Das heißt: gerade bei den Jugendmannschaften agieren oft nicht oder nur wenig oder nicht ausgebildete Trainer, zwar oft voller Eifer und nach bestem Wissen und Gewissen, jedoch ohne jegliche „positive" Kontrolle und Optimierung ihrer Tätigkeit als Verantwortliche, durch die Vereine. Das zeigt auch der tägliche Blick in die „Social Medien", bei denen Trainer ihre nicht beantworteten Fragen zu allen möglichen Problemen in die Community stellen, anstatt sie mit ihren Vereinskollegen zu diskutieren. Dass dadurch mögliche Talente nicht erkannt oder gar durch subjektive Fehleinschätzung nie an das Licht der Öffentlichkeit gelangen, ist die logische Konsequenz. Obwohl dies weder für den Verein, noch für den Spieler wünschenswert ist, wird nichts verändert. Das einzige Alibi, welches sich Vereine und auch Trainer selbst geben, ist die Anmeldung vermeintlicher Talente bei den sogenannten DFB-Stützpunkten. Diese sollen dann, aus dem ungeschliffenen Diamanten, mit ihren ebenfalls in die Jahre gekommenen Methoden, fein geschliffene und edle Brillanten machen. Erst, wenn das Talent sich selbst durch Eifer ständig optimiert und von sogenannten „Spielersichtern" auf irgendeinem Sichtungslehrgang entdeckt wird, hat es eine reelle Chance in einem

Nachwuchsleistungszentrum (NLZ) eines Profivereines zu landen. Dass es Ausbildungsentschädigungen für Spieler die den Verein wechseln, um eine Profikarriere zu starten, gibt wissen zwar die meisten Vereinsbosse, setzen aber nicht auf gezielte Ausbildung von Talenten und lassen somit eine lukrative Einnahmequelle versiegen.

Die Ausbildungsentschädigung!

„Das aktuelle FIFA-Reglement bezüglich Status und Transfer von Spielern (in Kraft seit 1. Mai 2005) definiert in Artikel 20 die Ausbildungsentschädigung und in Artikel 21 den sogenannten Solidaritätsmechanismus unter Vereinen. Demnach wird eine Ausbildungsentschädigung fällig, wenn ein Verein einen Amateurspieler oder einen Profispieler, der zuvor ohne Lizenz war, unter Vertrag nimmt und ihn daraufhin als Lizenzspieler einsetzt. Beginnt ein Spieler seine Profikarriere also nicht in dem Verein, von dem er ausgebildet wurde, sondern entscheidet sich für einen Wechsel, wird die Entschädigungszahlung als Mindestsumme fällig. Alternativ kann ein Transfer vorgenommen werden, bei dem sich beide Vereine auf eine Summe für den wechselwilligen Spieler einigen. Die Höhe der Zahlung ist im Falle einer Ausbildungsentschädigung hingegen festgelegt und orientiert sich an einer von der FIFA jährlich herausgegebenen Kategorisierungsliste, nach welcher die Mitgliedsverbände ihre Vereine bei der FIFA registrieren müssen. Der Solidaritätsmechanismus legt fest, dass alle Vereine, die an der Ausbildung mitgewirkt haben, mit insgesamt 5 % an jeder Transfersumme beteiligt werden, die bei eventuellen Weiterverkäufen eines Spielers im Verlauf seiner Karriere erzielt werden (zwischen 0,25 % (12. – 15. Lebensjahr) bzw. 0,5 % (16. – 23. Lebensjahr) pro im Verein verbrachte Saison)."

Quelle: Wikipedia

Zusammenfassung!

Betrachten wir uns zuerst die Strukturen, die Gewichtung und die Einnahmequellen der Organisationen und Vereine.

Ganz oben steht die **FIFA**

Sie organisiert den Weltfußball, richtet große Turniere aus (WM, Confed-Cup etc,) und profitiert an allen Einnahmen aus Ticketverkauf, Fernseherechten, Merchandising. Nur ein kleiner Teil fließt in die untergeordneten Organisationen.

An zweiter Stelle folgen die Continentalverbände wie: **UEFA**, CAF, CONCAF,etc.

Jeder Kontinent hat seinen übergeordneten Verband. Z.B. Europa die UEFA. Dieser Verband partizipiert wiederum von den jeweiligen Nationalverbänden und richtet die Turniere für die jeweiligen Kontinente aus. Dazu zählen für die UEFA: die Europameisterschaft, die Champions Leage, der UEFA-Pokal etc. Sie profitieren von den Ticketverkäufen, den Übertragungsrechten und den Einnahmen aus Merchandising etc. Einen Teil der Einnahmen schütten sie als Start- und Preisgelder an die teilnehmenden Nationalverbände bzw. Vereinsmannschaften aus.

Nach der UEFA folgen die Nationalen Verbände. Für Deutschland ist dies der **DFB**.

Auch der DFB richtet seine nationalen Meisterschaften und Turniere aus und erzielt Millionen Einnahmen z.B. aus Fernsehgeldern. Einen Teil davon fließt in die Kassen der angeschlossenen Landes- und Regionalverbände, sowie in die Proficlubs.

Proficlubs generieren ihre Einnahmen aus Eintrittsgeldern, Fernsehrechten, Merchandising, Sponsoring, Spielertransfer etc.

Amateurclubs bis zur Kreisklasse generieren ihre Einnahmen aus Eintrittsgeldern, Mitgliedsbeiträgen, Sponsoring, Werbung und Eventveranstaltungen.

Amateurclubs der Kreisklassen generieren ihre Einnahmen hauptsächlich aus Mitgliedsbeiträgen, Sponsoring und Eventveranstaltungen. Selten aus Eintrittsgeldern oder Spieler-Ausbildungsvergütungen.

Betrachten wir nun die finanzielle Situation in den Vereinen.

In der Regel verhält es sich hier nicht anders, als im normalen Leben. Die „Großen" sitzen an der Quelle und verdienen viel, die "Kleinen" müssen sich ganz Hinten anstellen.

Verhältnis: Einnahmen

Profi-Ligen

Obere
Amateurligen

Kreisklassen

Während in den Profiligen die meisten Vereine gesund aufgestellt (sonst erhalten sie keine Lizenz), sind, krebsen die kleineren Vereine oft am Rande des Existenzminimums herum. Sie erhalten weder Fernsehgelder, noch Erlöse aus Spielertransfer, noch größere Zuwendungen von Großsponsoren, Werbepartnern oder Kommunen.

Verhältnis: Mannschaften- und Spieleranteil

Genau anders herum sieht es bei den Anteilen an Spielern aus.

Profiliga

Obere
Amateure

Kreisligen

Während sich in den drei Profiligen ca. 70 Mannschaften mit etwa 4-5000 Spielern bewegen, sind es in den Amateurklassen rund 24.500 Vereine mit insgesamt 154.000 Mannschaften, was in etwa 3 - 3,5 Mio. Spielern entspricht.

Ohne die Entwicklung mit der Lupe betrachten zu müssen, kann man feststellen, dass die kleinen Vereine nicht nur am Existenzminimum krebsen, auch die personelle Decke sowohl bei Trainern als auch bei „begeisterten" Spielern wird zunehmend dünner.

Daran sind zweifelsohne die Vereine zu 70-80 % selbst schuld. Denn sie investieren nicht oder viel zu wenig in gut ausgebildete Trainer und Führungskräfte, noch in Trainings-geräte und gut durchdachte Konzepte.

Ein weiterer, nicht zu unterschätzender Faktor ist der immer größer werdende Einfluss der Einnahmengenerierung aus Fernsehgeldern und dem damit verbundenen Verkauf von Übertragungsrechten an Privatsender. Nicht nur das dadurch komplette Gruppen (Kids) vom „Visuellen" Geschehen ausgeschlossen werden, auch werden Spiele zeitlich so ausgetragen, dass möglichst viele davon übertragen und mit Werbung versehen werden können

Durch diese, auf Einnahmengenerierung ausgerichtete Praktik, fehlt fußballbegeisterten Kids der Anreiz und die Lust auf den Sportplatz zu gehen, geschweige sich im Verein anzumelden und es den großen Vorbildern nachzumachen. Lediglich negative Dinge (sitzt die Frisur, wie beleidige ich den Schiedsrichter etc.) bleiben haften. Ein weiterer negativer Effekt ist, dass die Autorität von Trainern und Betreuern schwindet und diese an Motivation verlieren.

Mein Fazit:

Wer dieses Vorwort aufmerksam gelesen hat, wird mit ein wenig Nachdenken, schnell zu dem Schluss gelangen, dass es im weltweiten Fußballgeschehen genauso ist, wie im richtigen Leben.

Wer zu spät kommt, den straft das Leben

Ein „weiter so" bedeutet Stillstand

und

Wer nicht mit der Zeit geht, der muss mit der Zeit gehen!

–

Es gibt viele Wege Vereine, Mannschaften, Trainer und Spieler auf einen nachhaltigen und somit erfolgreichen Pfad zu führen. Der erste Schritt jedoch beginnt in den Köpfen der Verantwortlichen, ob bei Verband, Verein oder Trainer. Solange hier ein „Gegeneinander" und ein „jeder für sich" praktiziert wird, wird es immer nur ein Reagieren und nie ein Agieren geben. Das betrifft auch die Finanzierung und den Unterhalt von Vereinen. Die „Alten" Einnahmequellen versiegen genauso wie der Käse in der „Mäusehöhle". Und wer die neuen Quellen nicht findet, bzw. beschreitet, der wird über kurz oder lang auf der Strecke bleiben.

Und wer es nicht versteht, die wahren Schätze (Talente) schon früh zu sichten, sortieren und entsprechend auszu-bilden, der verschwendet vorhandene Ressourcen. Ähnlich einem Wasserlauf (Bach), bei dem ununterbrochen und ständig ungeheure Mengen an Trinkwasser Tag für Tag verschwenderisch ins Meer laufen, wo sie dann mit Salzwasser vermischt werden und quasi unbrauchbar bzw.

nur noch schwer als halbwegs nutzbar (trinkbar) zu regenerieren sind.

Dass es vor allem im Amateur- und Jugendfußball extrem wichtig ist, neue Wege zu gehen, um nicht nur den Verein nach vorne zu bringen, sondern auch Mannschaften und Spieler, liegt auf der Hand.

Leider jedoch scheinen auch hier, der DFB und seine Landes-Verbände die Zeichen der Zeit nicht zu erkennen.

Trotz einiger Aktionen wie DFB-Mobil, DFB-Stützpunkte, DFB-Akademie, diverser Darstellungen und Anregungen durch Videoclips und Fach/Sachbücher, nimmt man die allgemeine Entwicklung im nationalen und auch internationalen Fußball nicht wirklich zur Kenntnis und ruht sich aus auf den Lorbeeren vergangener Tage aus. Diese Mentalität des „haben wir schon immer so gemacht" und „wir sind die Größten", zieht sich durch wie ein roter Faden, selbst bis in die kleinsten Amateurvereine. Zu sehr liegt der Fokus auf den Profivereinen und deren „Können" junge Talente zu sichten, auszubilden und zu vermarkten.

Sieht man die allgemeine Entwicklung, so muss man feststellen, dass immer mehr „Nachwuchstalente", die den Durchbruch in die Profiligen schaffen, nicht aus den eigenen Reihen rekrutiert, sondern von außerhalb eingekauft werden.

Das nachfolgende FFP-Konzept könnte, wenn es Punkt für Punkt richtig umgesetzt würde, jedem Verband, Verein und Trainer eine Flut an neuen, möglichen „Rohdiamanten" bescheren. Diese müssten dann nur noch entsprechend ihrer vorhandenen Potentiale, optimiert und ausgebildet werden um sie dann als „Brillanten" gewinnbringend sowohl in sportlicher, als auch in finanzieller Hinsicht, einsetzen zu können.

Um dies aber zu erreichen, bedarf es eines „Aufsprengen" von alten Strukturen und dem Mut zu Veränderungen!

Es bedarf der Einführung von: neuen Strukturen bei der Talent-Sichtung und Talent-Optimierung.

Es bedarf der flächendeckenden Einführung einer standardisierten

Fortschritt und Erfolg durch UMDENKEN!

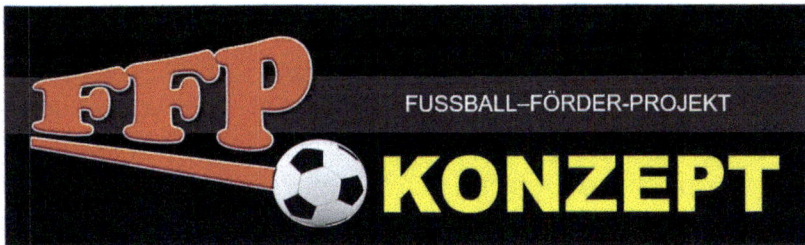

Um das FFP- Konzept richtig zu verstehen, habe ich als erstes, die, zurzeit vorhandene und auch betriebene Struktur mit all ihren Vorteilen und auch Nachteilen, von der Talentfindung bis zur Vermarktung durchleuchtet und festgehalten.

Beginnen wir mit einem kleinen Verein, nennen wir ihn den „FC ImmerGut". Ein Verein wie er tausendmal in unserem Land vorkommt.

Die Vereinsleitung besteht aus einem Präsidenten und den üblichen Repräsentanten (Kassenwart, Schriftführer und dem Vorsitzenden.

Diese Personen sind oft alteingesessene, ehemalige Spieler, Mäzene oder ehrenamtliche Vereinsmitglieder. Ihre Philosophie, sofern sie den eine haben, ist ebenso fest zementiert wie ihre Strukturen. Alles, was neu ist oder von außen kommt, wird erst einmal blockiert oder zumindest mit Vorsicht, häppchenweise umgesetzt. Frei nach dem Motto: erst mal schauen – und dann vielleicht.

Der Trainerstab besteht in der Regel für jede Mannschaft aus einem Cheftrainer, einem Co.-Trainer und oder einem Betreuer. In den wenigsten Vereinen gibt es einen Koordinator zwischen den einzelnen Trainern und deren Ausbildungszielen/Methoden. Bei den unteren Jugendmannschaften handelt es sich in der Regel um ehrenamtliche, nicht mit einem Trainerschein ausgestattete Väter, sogenannte Papa-Trainer, die ihren Job als Trainer nach bestem Wissen und Gewissen machen und dennoch sehr oft an ihre fachlichen und sozialen Grenzen stoßen. Weder der Verein, noch die Trainerkollegen bzw. der nicht vorhandene Trainerkoordinator stehen ihnen hilfreich zur Verfügung. Oft werden sportliche Defizite durch „Spaß- und Belustigungsaktionen" übertüncht und quasi unsichtbar gemacht. Hohe Spielresultate werden überschwänglich gefeiert und Niederlagen oft auf die „Kleinsten" abgewälzt. Spielsysteme werden speziell auf den Spieler/in zugeschnitten, der den besten Bums hat oder am besten dribbeln kann. Andere Talente sind nur „Wasserträger" und werden subjektiv und oft sehr falsch eingeschätzt. Das Ergebnis liegt dann klar auf der Hand. Das vermeidliche Supertalent ist schnell überfordert oder entwickelt sich nicht weiter, da es sich auf seine kurzweiligen Vorteile verlässt. Die anderen haben kaum eine Chance ihre Potentiale zu zeigen, da sie in vorgegebene Rollen gepresst werden. Was aber besonders festzustellen ist, ist der Umstand, dass die meisten Trainer, aufgrund ihrer Ausbildung, Qualifikation oder einfach wegen fehlender Motivation (mangelnde Bezahlung oder Anerkennung) nicht in der Lage oder auch Willens sind, gezielt Defizite abzubauen und vorhandene Potentiale auszubauen. Ihre Spieler-Beurteilung ist subjektiv und somit als sehr vage einzustufen. Das Ergebnis ist, dass viele Spieler/innen nach den ersten Erfahrungen/Jahren, mit dem Fußballspielen aufhören oder sich einfach nur dem Niveau des Trainers, der Mannschaft oder des Vereins anpassen. Diese „unbewusste" Talente-Verschwendung in den Amateurvereinen und deren Mannschaften, kann nur durch ein Umdenken und ein rigoroses „weg vom ständigen Weiter-So" abgestellt werden. Wenn dann auch noch eine, auf IST-Werten basierte Optimierung der Spieler und eine koordinierte Trainerarbeit hinzukommt, wird der Verein und letztendlich auch der Verband in jeder Hinsicht davon profitieren.

Die vier Eckpunkte (Schritte) des FFP-Konzeptes

Die FFP-Fußball Challenge
Talentfindung

SCANNEN-VORSORTIEREN-WEITERLEITEN

Die Potentialanalyse
IST-WERTE ERFASSUNG

TIEFENSCAN-ANALYSE-MASSNAHMEN

Die Optimierung
Potentiale ausbauen

**SCHWÄCHEN ABSTELLEN
POTENTIALE AUSBAUEN**

Talente-Nutzung/Vermarktung
Erschließung lukrativer Einnahmequellen

EIGENBEDARF-AUSLEIHEN-VERKAUFEN

Ähnlich wie im Diagramm dargestellt, ist der Hauptbestandteil des FFP-Konzeptes die quantitative Erfassung möglichst vieler sportbegeisterter Talente von 7 bis 25 Jahren, beider Geschlechter. Diese Erfassung nennen wir FFP-Challenge. Mittels einer Score-Werte bezogenen App, werden die jeweils, im vorher definierten „Anforderungsbereich" gemessenen Daten sortiert und die Teilnehmer zu einer umfangreichen Potentialanalyse weiterempfohlen.

Die Challenge kann aber auch als Short-PA für Schnellerfassungen von IST-Werten oder auch zur Trainingskontrolle innerhalb einer Mannschaft eingesetzt bzw. angewendet werden.

Die Teilnehmer, die innerhalb der Challenge mit entsprechenden Ergebnissen aufgefallen sind, werden dann an FFP-Stützpunkte oder auch Vereine, die FFP-Potentialanalysen durchführen, zu einer weiterführenden und umfangreichen IST-Werte-Analyse empfohlen. Anhand der 47 Erfassungswerte und mittels des FFP-Berechnungsverfahrens, werden gezielt Schwächen und Potentiale ermittelt und diese den jeweiligen Trainern innerhalb von Vereinen oder Fußball/Sporteinrichtungen, Akademien oder auch DFB-Stützpunkten dargelegt um dann entsprechende, individuelle Trainingsmaßnahmen zu erstellen.

Danach beginnt die Optimierungsphase, bei der vorhandene Schwächen anhand einer kontinuierlichen (3 x pro Jahr) durchgeführten Potentialanalyse abgestellt und Potentiale gezielt ausgebaut werden.

Spieler/innen, die so kontinuierlich optimiert werden, können entweder innerhalb des Ausbildungs-Vereins in einer Mannschaft eingesetzt oder entsprechend an andere Sport-Förder-Einrichtungen/Vereine übergeben bzw. verkauft werden.

4

Schritte zum Erfolg!

Talentfindung

mittels einer

FFP Fußball Challenge

Beginnen wir bei der Talentfindung mittels einer Challenge!

Sie funktioniert quasi im „Gießkannenprinzip". Im großen Stil sollen möglichst viele sportbegeisterte Personen angehalten werden, sich einer Short-Analyse zu unterziehen, um so möglichst erste Erkenntnisse über vorhandene Potentiale zu erhalten.

In unserem Falle ist die Challenge in erster Linie speziell auf den Bereich des Fußballsportes ausgerichtet. In zweiter Linie können aus dieser Challenge Daten auch dem Bereich der Leichtathletik mit Schwerpunkt Sprint und Ausdauer zugängig gemacht werden.

Im Falle, dass die Erfassungspunkte entsprechend der gewünschten Sportart angepasst werden, könnte die FFP-Challenge auch für diese zur Talentfindung genutzt werden.

Die FFP-Fußball-Challenge dient in erster Linie der Mobilisierung der Massen sportbegeisterter Kids aus

Schulen und Sportvereinen an einer Challenge teilzunehmen um sich so die Chance auf einen möglichen Karrierestart auch ohne das OK eines Trainers zu ermöglichen.

In zweiter Linie dient die Challenge der Erst-Selektierung möglicher Talente, um sie dann einer FFP-Potential-analysen-Erfassung in einem autorisierten Verein oder einer Sporteinrichtung zuzuführen.

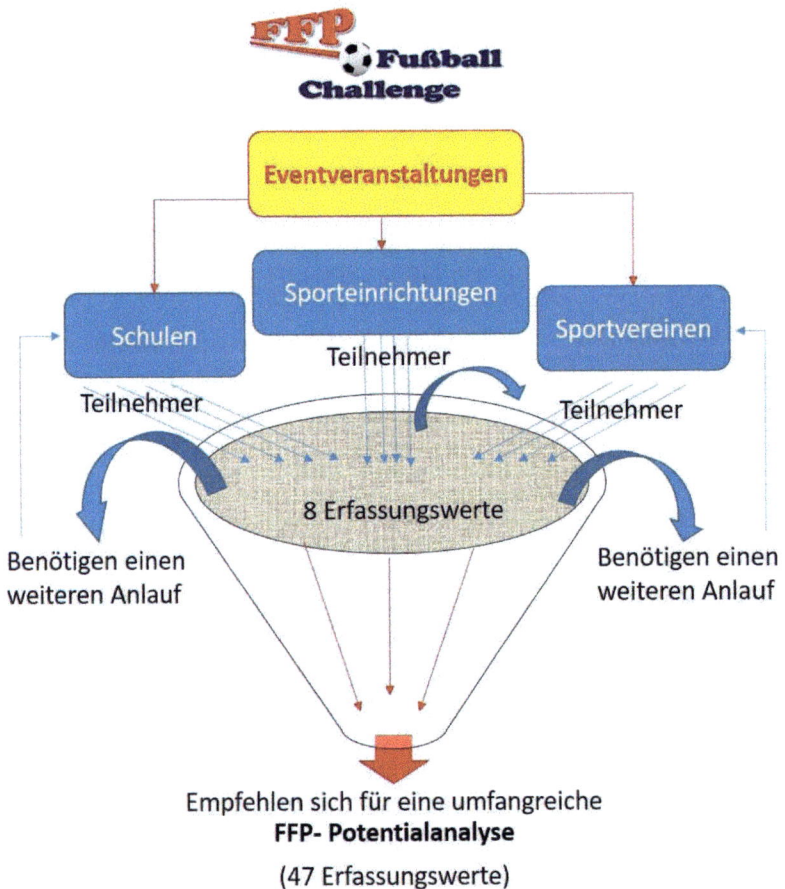

FFP Fußball Challenge

Eventveranstaltungen

Sporteinrichtungen

Schulen

Teilnehmer

Sportvereinen

Teilnehmer

Teilnehmer

8 Erfassungswerte

Benötigen einen weiteren Anlauf

Benötigen einen weiteren Anlauf

Empfehlen sich für eine umfangreiche
FFP- Potentialanalyse
(47 Erfassungswerte)

Wie schon im Vorwort erwähnt, werden viele verborgene Talente weder entdeckt, noch zielorientiert gefördert. Im nachfolgenden beschreibe ich was eine Challenge ist und wie und wo sie eingesetzt bzw. angewendet werden könnte.

Bei der FFP-Challenge können ebenso wie bei der FFP-Potentialanalysenerfassung Teilnehmer unterschiedlichen Alters und Geschlechtes, parallel erfasst werden, da jeder für sich und in seiner Alters- und Geschlechtergruppe bewertet wird.

Der Clou dieser Erfassung ist es, ähnlich wie auch bei der kompletten Potentialanalyse, die erhaltenen Werte mit vorhandenen und aktuellen Höchstwerten zu vergleichen und als Score-Werte auszuweisen. Dieser Wert hat weniger Relevanz für den Trainer bzw. Spielersichter, als die jeweiligen Einzelwerte in Zeit, Metern oder auch Anzahl.

Der berechnete Score-Wert ist eine optimale „Erst-Orientierung" für den Teilnehmer um zu sehen, an welcher Position er sich in seiner Alters- und Geschlechtergruppe befindet.

52

Neben vereinsinternen Erfassungen bietet sich das Verfahren als ideale Bereicherung für jedes Sportfest und Sportevent an. Können doch mit dieser Art der Erfassung regelrechte Wettkämpfe (- bewerbe) um den besten Score einer jeden Alters- und Geschlechtergruppe durchgeführt und mit lukrativen Preisen ausgelobt werden. Auf diese Art und Weise, könnten regelrechte Sichtungsmeetings schon in Grundschulen, auf eigens veranstalteten Sportevents oder als Straßen-Challenge etc. durchgeführt werden.

Diese Events können gezielt von Sportverbänden, Sportvereinen, Sportakademien und Sport-Fördereinrichtungen, entweder eigenständig oder auch mit Unterstützung von Sponsoren durchgeführt werden.

Um den Begriff der Challenge etwas besser zu verstehen, erkläre ich auf den nachfolgenden Seiten zuerst den Inhalt und danach die praktische Anwendung.

Der Inhalt einer FFP-Challenge

Die Challenge (Herausforderung) ist ein Short-Version aus dem, mit 47 Erfassungspunkten, standardisierten FFP-Potentialanalyseverfahren. Sie ist eine reine Erfassung physischer Werte und wurde ursprünglich kreiert um Fußballvereine und deren Trainer für das Thema „Leistungsdiagnostik im Amateur- und Jugendfußball" zu begeistern und um in einer „Kurzversion" aktuelle IST-Werte ihrer Spieler zu erhalten um diese für Trainings- und Spieleroptimierungen als Grundlage zu verwenden. Dabei wurde in erster Linie Wert daraufgelegt, die sieben wichtigsten und für den Fußballsport erforderlichen Leistungsbereiche abzudecken und IST-WERTE in einer einfachen Art und Weise zu erhalten.

Die Erfassungsinhalte:

1. Schuss-Geschwindigkeit
2. Schuss-Genauigkeit
3. Sprint-linear
4. Sprint-modular
5. Dribbling
6. StayingPower
7. Juggling (Strecke)
8. Juggling (Ballkontakte)

Die Grundlagen einer Fußball-Challenge

Um eine Challenge professionell aufzubauen und entsprechend regional oder auch landesweit umzusetzen, bedarf es der Installation von speziellen Grundelementen und der Schaffung benötigter Voraussetzungen.

Je nach Einrichtung, ob Verband, Verein, private Sport-Fördereinrichtung oder auch Sport unabhängige Unternehmen, muss in vielen Punkten unterschieden werden. Während bei Verbänden und Vereinen in der Regel erst einmal ein Beschluss gefasst werden muss, können private Unternehmen und Einrichtungen ohne jegliche Zustimmung eine Challenge durchführen. Für alle jedoch gilt die Anschaffung von Erfassungsgeräten (Stoppuhren, optional Lichtschranken, Messbänder, Bälle etc.), sowie die Ausstattung mit der FFP-Berechnungssoftware für die Ausweisung und Berechnung der erhaltenen Leistungsdaten.

Je kleiner, nicht vom Umfang der Erfassung, sondern von der Anzahl an Erfassungen und dem Einzugsgebiet, eine Challenge angelegt ist, desto weniger Investment und Personal ist erforderlich.

Dennoch ist als erstes folgendes zu beschließen:

Das **GO** und zwar ohne Wenn und Aber
Seitens des Vorstandes, der Geschäftsleitung oder dem Verband wird beschlossen, eine Sichtungs-Challenge im großen oder auch weniger großen Stil umzusetzen und als ständige Einrichtung innerhalb des Vereins, der Einrichtung /Firma oder Verbandes zu betreiben.

Die **Investments** in ausreichender Form
Für die benötigten Gerätschaften, Softwareanwendungen, Datenbank- und Internetpräsenzen, sowie Personal,

genügend und ausreichend finanzielle Mittel zur Verfügung zu stellen.

Das **Personal** für eine ordentliche Erfassung
Die praktische Durchführung einer Challenge ist sehr simpel. Anhand entsprechender Standards und eines ausgetüftelten Ablaufschemas, kann quasi jeder ab 15 Jahren, eine Challenge-Erfassung durchführen. Sinnvoll sind jedoch zwei Personen, um sich beim Parcoursaufbau und der Datenerfassung zu ergänzen

Die **Location** bereitstellen
Eine Erfassung von mehreren 100 Teilnehmern, bedarf einer fest terminierten Einrichtung. Ob im Sommer als OUTDOOR-Event oder bei schlechtem Wetter und im Winter als INDOOR-Event.

Die **Anmelde- und Erfassungssoftware** bereitstellen
Sicherlich können die Teilnehmer eines kleinen Events weitestgehend manuell über Listen erfasst werden.

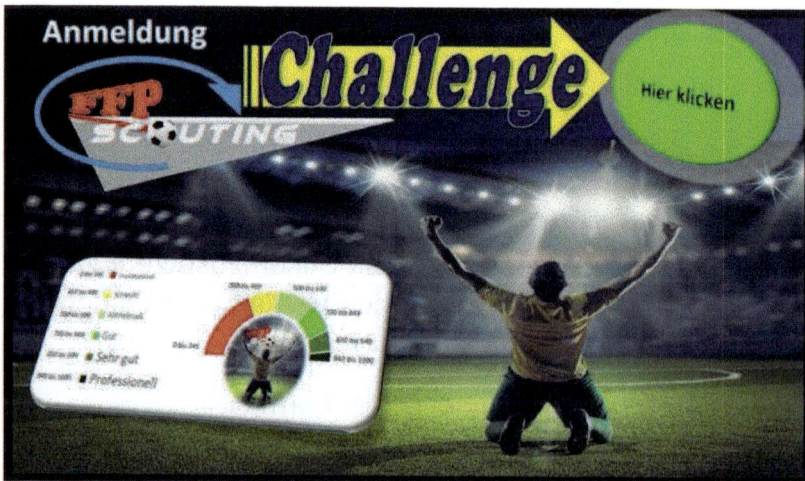

Für die Berechnung und Auswertung der Leistungsdaten im Score-Werte Format, ist jedoch die FFP-Challenge-Software erforderlich.

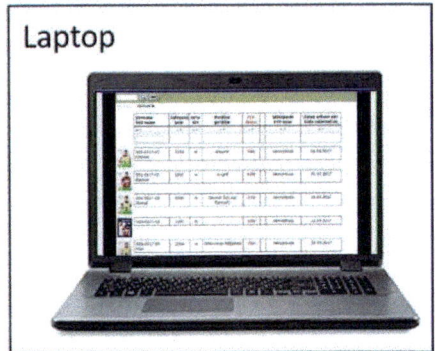

Bei größeren und flächendeckender angelegten Challenges (Events), sollte eine Anmelde- und eine Ergebnis-Anzeige-APP installiert sein.

Die benötigten Gerätschaften

Um einen Erfassungsparcours den allgemeinen FFP-Standards entsprechend auszustatten und eine reibungslose und ordentliche Erfassung zu garantieren, bedarf es des Einsatzes gleichartiger Gerätschaften. Diese sind in den meisten Fällen zu einem gewissen Prozentsatz in den Vereinen und Sport-Fördereinrichtungen vorhanden. Deshalb habe ich nachfolgend Gerätschaften so platziert, dass die optimale/preiswerte Variante immer an erster Stelle steht.

Der Parcours besteht aus insgesamt 5 Stationen und benötigt die Fläche eines halben Spielfeldes

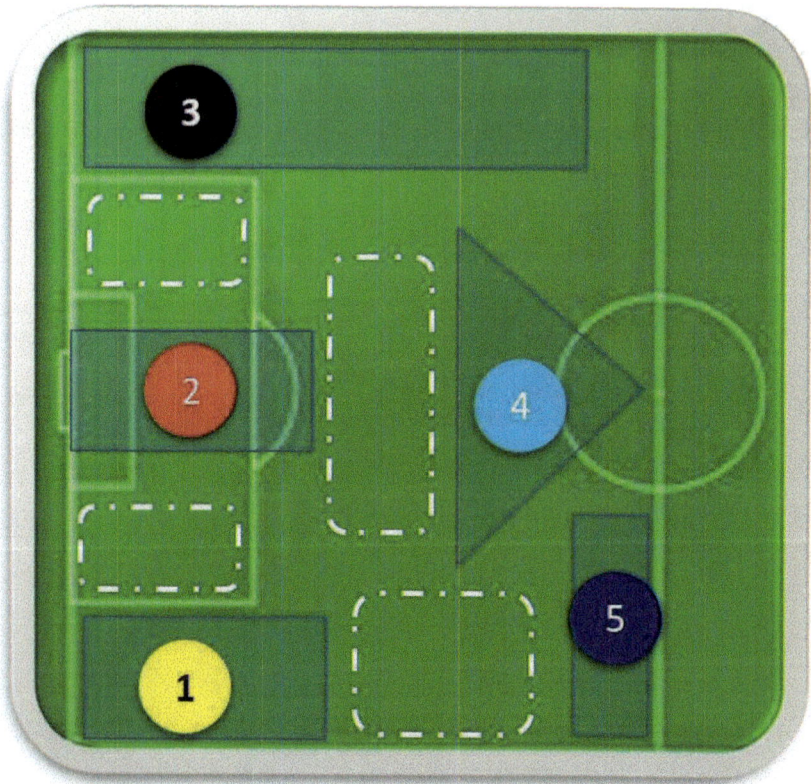

Alle Teilnehmer erhalten zur besseren Zuordnung eine Startnummer. Das können spezielle Leibchen, aber auch ganz normale, anheftbare Startnummern sein.

Die Anordnung und der Aufbau aller Stationen wurde x-fach durchgeführt und immer wieder optimiert um einen identischen und vor allem reibungslosen Ablauf zu garantieren. Wichtigster Faktor bei allen bis dato durchgeführten Erfassungen, war die Vermeidung von langen Wartezeiten. Gleichzeitig wurde drauf geachtet, das sogenannte Warte/Übungszonen eingerichtet wurden. Wie die Erfahrung zeigt, ist es sinnvoll bei größeren Teilnehmerzahlen, zusätzliches Betreuerpersonal abzustellen.

Da alle Stationen von der FFP-Vorgabe her genau abgemessen (genormt) sein müssen, gehört ein entsprechender Aufbauplan inkl. der Wartezonenvorgabe (gestrichelte Felder) und entsprechende, vorgegebenen Utensilien dazu.

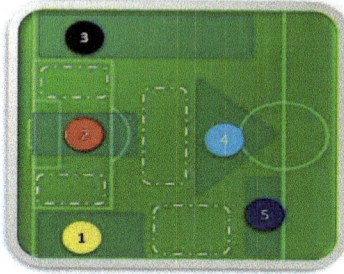

Bälle - Hütchen – Pylone - Stangen   Stoppuhr/HandyApp - 50 m Maßband

Tor-Schuss-Set   Sprung-Hürden   Speed-Radar

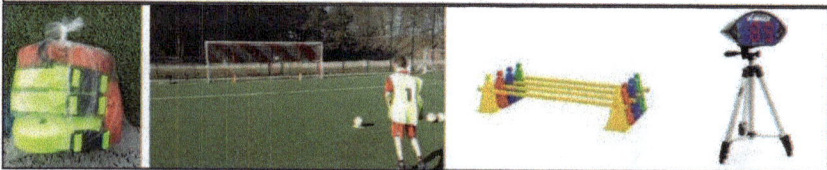

Optional kann auch eine Lichtschrankenanlage für die Sprint und Dribbling Erfassungen eingesetzt werden.

Um alle Ergebnisse direkt und schriftlich an den einzelnen Erfassungsstationen zu dokumentieren und nach der Erfassung in die spezielle Berechnungssoftware eingeben zu können, werden diese von den Erfassern, manuell in Kladden eingetragen.

Durch dieses Verfahren, können quasi mehrere Erfasser eingesetzt und Teilnehmer, um lange Wartezeiten zu vermeiden, Station-übergreifend erfasst werden.

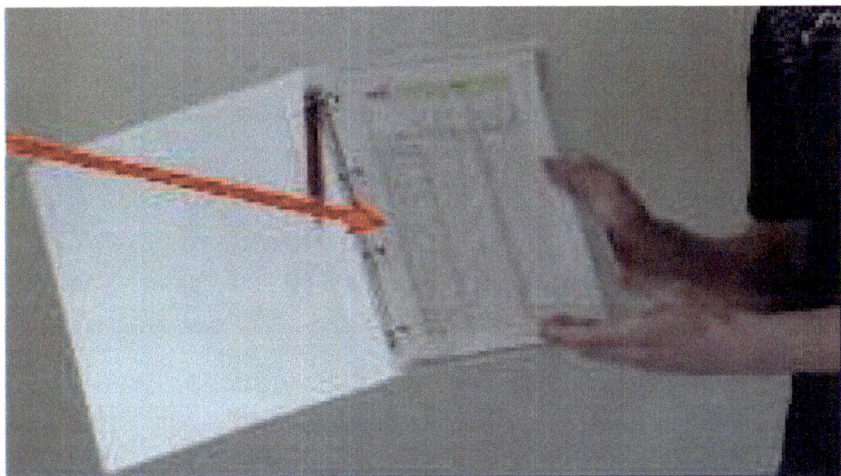

Station 1/Aufbau/Erfassung

An dieser Station findet die **Schuss-Geschwindigkeitsmessung** statt.

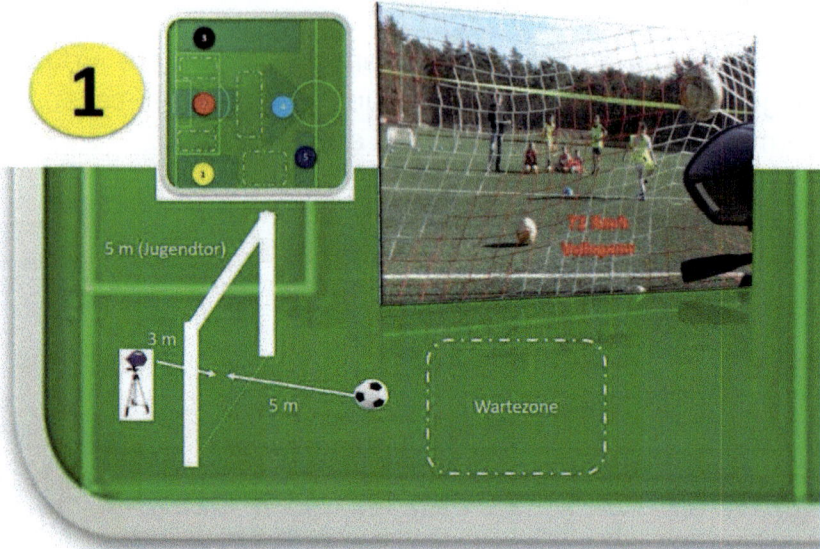

Jeder Teilnehmer hat drei Schussversuche, wobei der „schnellste" (Km/h) zählt. Im Gegensatz zur späteren, umfangreichen FFP-Potentialanalysenerfassung, wird bei der Challenge ausschließlich mit dem starken Fuß geschossen. Die Schussdistanz beträgt 5 m zur Torlinie. Der Speed-Radar steht ca. 3m hinter der Torlinie. Achtung! Das Netz sollte den Speed-Messer bei einem Schuss nicht berühren bzw. umwerfen.

Benötigte Gerätschaften:
1 x Speed-Maxx Schuss-Geschwindigkeitsradar,
1 x Jugendtor mit Netz
4 x Hütchen zur Abgrenzung des Wartebereiches
6 x Altersgerechte Bälle (Gewicht/Umfang)

Station 2/Aufbau/Erfassung

An dieser Station findet die
Schuss-Genauigkeitsmessung
statt.

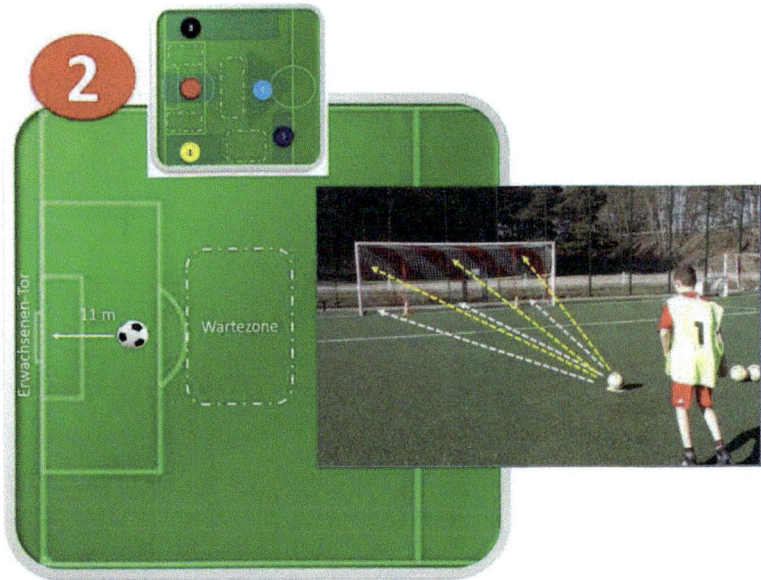

Jeder Teilnehmer hat sechs Schüsse, die der Reihe nach von unten links nach oben rechts stattfinden müssen. Nur die Schüsse zählen als Treffer, die in den entsprechenden Feldern platziert wurden. (Max. 6) Im Gegensatz zur späteren, umfangreichen FFP-Potentialanalysenerfassung, wird bei der Challenge ausschließlich mit dem starken Fuß geschossen. Die Schussdistanz beträgt 11 m zur Torlinie. Die Felder werden mit dem Torschuss-Set gebildet.

Benötigte Gerätschaften:

1 x Torschuss-Set
6 x Altersgerechte Bälle (Gewicht/Umfang)

Station 3/Aufbau/Erfassung

An dieser Station werden gleich drei Messungen durchgeführt. **Sprint linear und modular sowie Dribbling**.

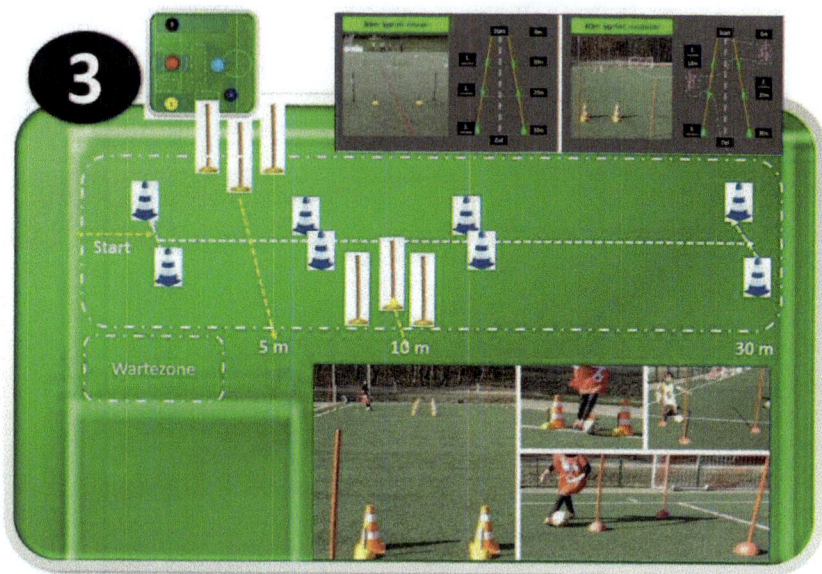

Diese Station zieht sich entlang der Außenlinie, quasi von der Eckfahne bis zur Mittellinie. Sie ist so konzipiert, das gleich 3 Erfassungen an ihr durchgeführt werden können. Nacheinander durchlaufen die Teilnehmer 3 x den Parcours. Beim ersten Lauf „Sprint linear" sprinten sie so schnell es geht die 30 m vom Start bis ins Ziel. Anschließend begeben sie sich in den Wartebereich und warten auf die Freigabe zum nächsten Lauf, dem „Sprint-modular". Hier müssen sie um die aufgestellten Stangen laufen. Diese stehen mit 3 m seitlich versetzt und bilden jeweils ein Dreieck (1 m x 1 m). Das erste Dreieck steht nach 5 m, dass zweite auf der anderen Außenbahn nach 10 m. Danach geht es durch das mittlere Hütchen-Tor in Richtung Ziel. Dieser Parcours ist auch gleichzeitig für den dritten Durchgang, das Dribbling vorgesehen. Bei diesem Durchgang sind die Teilnehmer angehalten, den gleichen Parcours den sie beim Modular-Sprint gelaufen sind, diesmal mit dem Ball zu durch dribbeln.

Es gibt jeweils nur einen Versuch pro Erfassung und Teilnehmer. Dabei ist es dem Teilnehmer überlassen mit welchem Fuß (stark-schwach-beide) er dribbelt. Sollte der Ball (versehentlich) mal nicht die Richtung einschlagen, die der Teilnehmer wünscht, bzw. der Parcours vorgibt, so muss er sich den Ball holen und genau da weiter machen, wo ihm das Malheur passiert ist.

Deshalb ist es ratsam, im Wartebereich einige Stangen aufzustellen und so den Teilnehmern die Möglichkeit zu bieten, sich auf eine saubere Ballführung einzustellen, bzw. das Dribbeln zu üben.

Benötigte Gerätschaften:

8 x Pylone
6 x Stangen
1x Stoppuhr/Handy-App/ oder Lichtschrankenanlage
1 x Ball

(optional Bälle und Stangen zum Üben im Wartebereich)

Station 4/Aufbau/Erfassung

An dieser Station findet das **StayingPower** statt.
StayingPower steht für Ausdauer und Stehvermögen.

Die Teilnehmer versuchen möglichst viele Runden (50 m/Runde) innerhalb von 10 Minuten zu erzielen. Es ist ratsam, nicht mehr als 6 Teilnehmer pro Erfassung starten zu lassen. Der Erfasser zählt dann jeweils am Start-Gate die durchlaufenen Runden pro Teilnehmer mittels einer Strichliste auf seinem Erfassungsbogen. Gezählt werden nur komplette Runden.

Benötigte Gerätschaften:

3 x Pylone
3 x Stangen 2 x Hütchen für das Startgate
1x Stoppuhr/HandyApp/Wecker - für die 10 Min. Vorgabe
4 x Minihürden

Station 5/Aufbau/Erfassung

An dieser Station findet das **Juggling** (Ball-hochhalten) statt.

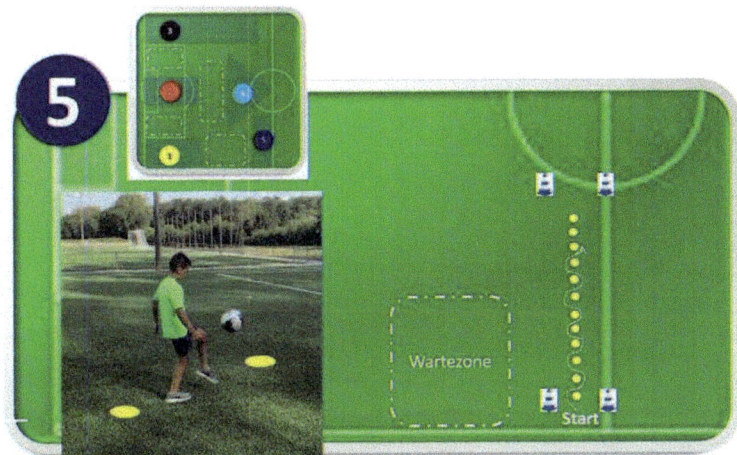

Bei dieser Erfassung werden gleich zwei Werte gemessen.

Wert 1 = Anzahl der Ballkontakte'
Wert 2 = zurück gelegte Weite in Metern.

Nachdem sich die Teilnehmer im Wartebereich aufgewärmt (geübt haben), begeben sie sich auf Aufforderung des Erfassers an den Startpunkt. Ihre Aufgabe: Innerhalb von 30 Sekunden eine möglichst weite Strecke mit möglichst vielen Ballkontakten (ohne Bodenberührung) zu durchlaufen. Jeder Teilnehmer hat nur einen Versuch! Der Erfasser zählt die Anzahl der Ballkontakte (egal ob mit dem Fuß, Oberschenkel, Kopf etc.) und die zurückgelegte Slalom-Strecke um die, im Abstand von jeweils 1 m platzierten Hütchen.

Benötigte Gerätschaften:
4 x Pylone
10-15 x Hütchen
1x Stoppuhr/HandyApp/Wecker - für 30 Sek. Vorgabe

Meine Empfehlung!

Für große Events, sollte eine Lichtschrankenanlage mit mindestens zwei Gates (empfohlen sind vier Gates) angeschafft und eingesetzt werden.

www.ffp-scouting.com

Mittels einer Lichtschrankenanlage können nicht nur die Zeiten bis auf die hundertstel Sekunde genau erfasst, sondern auch in kurzer Zeit viele Teilnehmer durchgeschleust (gemessen) werden.

Ein weiterer Grund: die Lichtschrankenerfassung erfolgt elektronisch und die Werte werden direkt auf dem PC in einem Zeit-Listen-Programm dargestellt. Diese Werte und das aktuelle Ranking könnte dann mittels eines Monitors (Beamer), dem Teilnehmer und auch dem Publikum angezeigt werden. Somit erhält das Ganze einen tollen Nebeneffekt, quasi wie bei der Übertragung eines Formel1 Rennens oder auch einer Leichtathletikveranstaltung.

Eine komplette Lichtschrankeneinheit (zwei-Gates) gibt es schon ab 1.500 €. Eine vier-Gate Lichtschranke mit drahtloser Datenübertragung kostet ca. 2.200 €.

Eine weitere Alternative, auch für den Einsatz bei der FFP-Potentialanalyse (Schritt 2), wäre der SmarTrack Sensor. Dieser kostet ca. 5.000 € inklusive Software und zwei Erfassungsgürteln. Der Nachteil allerdings ist, dass dieses Verfahren die Daten erst nachträglich durch Auslesen am PC frei gibt. Somit entstehen Wartezeiten und eventuelle

Messfehler lassen eine Bewertung des Teilnehmers nicht mehr zu. Er müsste quasi ein zweites Mal starten.

Vorteil dieses Systems: für die Durchführung der FFP-Potentialanalysenerfassung und der damit verbundenen Messung von Sprung- und Tapping-Werten, wird dieses System oder alternativ eine Bodenkraftplatte benötigt.

Drop, Squat und Counter Movement Jump

Das Ablaufszenario einer FFP-Challenge von der Bekanntgabe bis zur Ausweisung des aktuellen Rankings.

Nachfolgend fasse ich den gesamten Ablauf auf optimaler Ebene, zur Talentfindung mittels einer FFP-Challenge zusammen. Alle Challenges, die Aufgrund von Kosten, Personal etc. in abgespeckter Form durchgeführt werden, können neben der Philosophie der Talentfindung auch einfach nur als „Einnahmequelle" und neues, spannendes Event angesehen werden. Sie erhalten die Anmerkung: MIN (Minimum)

a) VORBEREITUNG

Schritt 1:
Erstellung einer Rekrutierungs-Präsentation als Info für Veranstaltungs-Partner.
MIN: Challenge ist nur für Mitglieder des Vereins, der Einrichtung

Schritt 2:
Erstellung/Kauf der Anmelde, Scorewerte, der Ergebnis-Berechnungs- und Ergebnispräsentations-Software/App.
MIN: Für interne Zwecke ist der Kauf der Berechnungssoftware (Abo) erforderlich.

Schritt 3
Anschaffung der benötigten Erfassungsgerätschaften, sowie der Ergebnispräsentationshardware.
MIN: Speed-Radar für die Schussgeschwindigkeitsmessung

Schritt 4:
Akquise von Veranstaltungsteilnehmern/Standorte, (Schulen, Sportvereine, private Sport-Förder-Einrichtungen, Eventveranstalter etc.) mittels Anschreiben und persönlicher

Präsentation des Vorhabens. Gleichzeitige Kontaktaufnahme zu Sponsoren und Gönnern des Projektes. (Preise (Gewinne), sowie Unterstützung jeglicher Art.)
MIN: Dieser Punkt entfällt bei interner Anwendung

Schritt 5:
Festlegung der FFP-Challenge-Termine und der damit verbundenen Gewinne für die Sieger (Platz 1-x) einer jeden Alters- und Geschlechtergruppe, sowie für die Jahressieger oder auch Rekordbrecher!
Festlegung der Teilnehmergebühren
MIN: Diese Punkte entfallen bei interner Anwendung

Schritt 6:
Offizielle Bekanntgabe des Starts und gleichzeitiger Aufforderung zur Teilnahme an der Challenge, mittels Presse, Funk und Fernsehen, sowie dem Internet.
MIN: Dieser Punkt entfällt bei interner Anwendung.

Schritt 7:
Schulung des Erfasser-Personals in der Organisation des Ablaufs (Aufbau/Erfassung/Ergebnispräsentation etc.) einer FFP-Challenge.

b) UMSETZUNG

Schritt 8:
Start der Online-Anmeldungen via Internet bzw. Handy-App.
Diese können auch durch autorisierte Verkaufs- bzw. Anmeldestellen (Verein, Schule, Kommune etc.) vorgenommen werden.
Automatische Zuordnung zu Ort/Termin/Teilnehmergruppe/Startzeit etc.

MIN: Dieser Schritt entfällt bzw. wird manuell und intern vorgenommen.

Schritt 9

Start der praktischen Erfassung (FFP-Challenge)
Ähnlich wie bei der Tournee eines Musik-Stars, werden bei der großflächig angelegten FFP-Challenge die vorgegebenen Termine abgearbeitet und die Erfassungen an den angemeldeten Teilnehmern durchgeführt. (Parcours-Aufbau, Teilnehmer-Anwesenheitskontrolle, Leibchen (Nummernvergabe), Leistungserhebungen , Werte-Berechnung, Resultats-(Ranking) Bekanntgabe,(Softwareprogramm/Beamer/App.) , Siegerehrungen, Teilnehmerverabschiedung, Parcours-Abbau. Dieser Ablauf ist quasi immer der Gleiche ob In- oder Outdoorveranstaltungen.

Schritt 10

Auswertung/Begutachtung der erhaltenen Teilnehmer-IST-WERTE.
a) Lohnt sich eine erneute Einladung für eine umfangreichere FFP-Potentialanalyse mit insgesamt 47 Werte-Erfassungen, um die möglichen Potentiale des Teilnehmers genauer und fußballspezifischer zu erhalten?
Oder
b) Positive Auffälligkeiten wie z.B. Sprint-Fähigkeiten an leichtathletik-Einrichtungen und Verbände weiter zu geben.
Oder
c) den Teilnehmer positiv aufzufordern, fleißig zu trainieren und sich später zu einer weiteren FFP-Challenge anzumelden.
MIN: Alle Punkte (a-c) können natürlich innerhalb einer Vereinsinternen Challenge, auf dem kurzen Weg besprochen und umgesetzt werden.

Schritt 11

Teilnehmer-Benachrichtigung über das Ergebnis der Challenge und gegebenenfalls Aussprechen einer Einladung/Empfehlung zu einer FFP-PA (Potentialanalyse)

Diese sollte dann in einem der autorisierten FFP-Stützpunkte (Verein/Verbands-Stützpunkt, Sport-Förder-Einrichtung) durchgeführt werden.
MIN: Alle Punkte (a-c) können natürlich innerhalb einer Vereinsinternen Challenge, auf dem kurzen Weg besprochen und umgesetzt werden.

Schritt 12

Öffentlichkeitsarbeit

Nur wenn eine intensive Öffentlichkeitsarbeit betrieben wird, kann ein solch großes Projekt zur Talentfindung umgesetzt und erfolgreich am Leben gehalten werden. Dazu gehören natürlich nicht nur Teilnahme-Aufforderungen, sondern auch Ergebnis- und Siegerpräsentationen, kontinuierliche Berichte und entsprechende Videoclips mit Stars und Sternchen der aktuellen Fußballszene.

MIN: Innerhalb eines Vereins entfällt diese Art der Werbung, sie sollte jedoch als Mundpropaganda innerhalb der Mannschaften und Trainer stattfinden.

WICHTIG!

Wie die Erfahrung aus vielen Vereinen gezeigt hat, ist die Kommunikation und die Begeisterung für eine Art der IST-WERTE Erfassung unter den Trainern und Betreuern oft miserabel oder findet erst gar nicht statt. Deshalb ist es für jeden Verein, der sich einer Talentfindung auf der Basis von IST-WERTE Erfassungen ausspricht, zwingend angebracht, ALLE Trainer, Betreuer und Vereinsfunktionäre von der IDEE und dem NUTZEN einer Challenge/PA zu überzeugen.

Fazit einer

Die Durchführung einer FFP-Challenge dient in erster Linie der Auffindung/Gewinnung neuer, unentdeckter Talente. Erst danach sollte der finanzielle Aspekt im Vordergrund stehen.

Während bis heute sogenannte Talente, in kleiner Anzahl, mühsam über Vereine, DFB-Stützpunkte oder private Sporteinrichtungen entdeckt werden, könnte schon morgen eine breit angelegte Sichtung in Form einer FFP-Challenge, weitaus mehr Talente, viel früher, konzentrierter und aus allen Bereichen des Lebens erfassen.

Bei den jetzigen Sichtungs-Verfahren fallen fast all diejenigen durch das Talente-Raster, die sich nicht in Fußballvereinen angemeldet haben oder durch eine subjektive Beurteilung der Trainer von weiterer Förderung ausgeschlossen werden. Zudem gehen den Vereinen weitere, mögliche Talente durch Nichtansprache (du bist aber gut- komm doch mal vorbei etc.) verloren.

Der DFB unterhält zwar an die 350 Stützpunkte und einige Nachwuchs-Leistungs-Zentren (NLZ), aber bis, dass ein Spieler dort ankommt, bedarf es nicht nur des OK's von den Trainern des Heimvereins, sondern auch des OK's der Stützpunktleitung.

Im Gegensatz zum herkömmlichen Verfahren bei der Talentfindung, bei dem ein einmal abgelehnter, falsch eingestufter und subjektiv beurteilter Spieler/in dem Fußball und seiner eigenen Leistungsbereitschaft den Rücken kehrt und für immer verloren geht, sieht es bei der optimalen, flächendeckenden FFP-Challenge genau anders herum aus. Hier haben ALLE (von 6- 20), die x-fache Möglichkeit sich bei einer Challenge anzumelden und ihr wahres Können in Form von tatsächliche IST-WERTEN zu demonstrieren und sich so für eine weiterführende FFP-Potentialanalyse zu empfehlen.

Bei der Durchführung einer FFP-Challenge, ob im großen oder auch kleinen Stil, werden viele Teilnehmer erfasst. Die erhaltenen Leistungsdaten der jeweiligen Teilnehmer, stehen dann der durchführenden Einrichtung oder dem Verein zur Erstsichtung und Beurteilung zur Verfügung.

Die Einrichtung/Verein hat somit den ersten Zugriff auf das „Talent" und kann dieses dann entweder entsprechend fördern, in den eigenen Verein, die Einrichtung, integrieren, ausbilden oder an andere weiterempfehlen.

Die sich aus einer FFP-Challenge ergebenden Vorteile liegen somit klar auf der Hand.

1. Quantitative und auch qualitative Gewinnung von Spielern.

1. Einnahmengenerierung durch Ausbildungsver-gütungen oder Spielerverkäufe.

2. Einnahmengenerierung durch Startergebühren für die jeweiligen Teilnehmer einer FFP-Challenge.

3. IMAGE-GEWINN

Schritt **2**

Talentprüfung

mittels einer

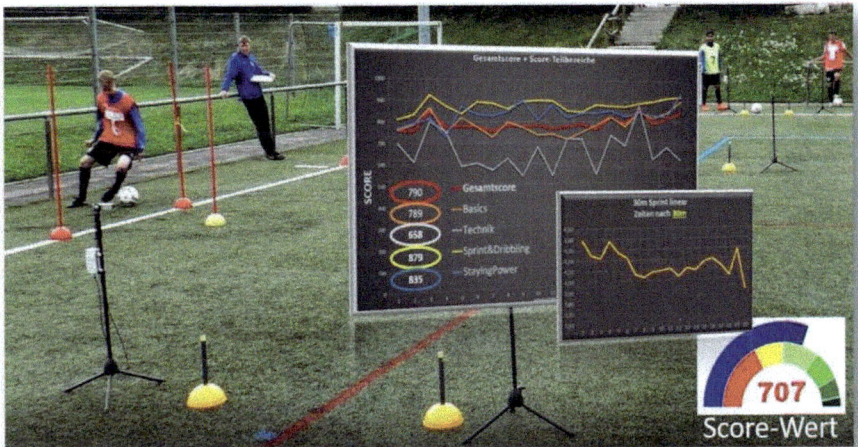

Die standardisierte und geschützte FFP-Potentialanalyse-Erfassung dient Vereinen und Sporteinrichtungen in erster Linie zur erweiterten Bestandsaufnahme der aktuellen IST-Werte, aller Teilnehmer und gliedert sich in zwei Segmente.

Segment 1

Erweiterte und umfangreiche Erfassung der Teilnehmer, die sich mit ihren, bei einer FFP-Challenge erbrachten Leistungen, zu einer weiteren Sichtung an den Verein oder die Sporteinrichtung, empfohlen haben.

Challenge → **Potentialanalyse**[c]

8 Werte-Erfassungen   47 Werte-Erfassungen

Segment 2

Kontinuierliche IST-Werte Kontrolle innerhalb der weiteren Optimierung/Ausbildung von Spielern/Innen eines Vereins.

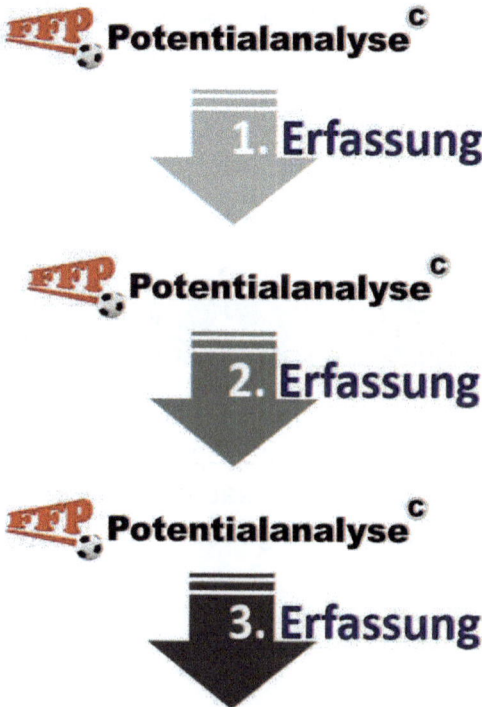

Potentialanalyse[c]

1. **Erfassung**

Potentialanalyse[c]

2. **Erfassung**

Potentialanalyse[c]

3. **Erfassung**

Um das Thema Leistungsdiagnostik und Potentialanalyse-verfahren sowie deren Bedeutung richtig zu verstehen, bedarf es einer gewissen Vorabinformation.

Stiefkind oder auch TABU-Thema

Leistungsdiagnostik im Amateur- und Jugendfußball"

Leistungsdiagnostik und Potentialanalysen werden leider auch im Jahr 2019 von Amateurvereinen und -trainern immer noch mit extrem großer Skepsis und sehr distanziert sowie differenziert betrachtet.

Während Leistungsdiagnostik und Potentialanalysen in allen Bereichen des Profisports quasi zum Trainingskonzept gehören, gehen fast 99% aller Amateurtrainer davon aus, dass Leistungsdiagnostik und Potentialanalysen nur etwas für eben diese Profieinrichtungen, ist.

Zudem bringen sie den Begriff „Leistungsdiagnostik" mit medizinischen Tests (Laktat und Blutwerte, etc.) und „Potentialanalyse" mit Druck auf Kinder, hohem Zeitaufwand und extrem hohen Kosten in Verbindung.

Die Wahrheit jedoch ist, wie aus den gewonnenen Erfahrungen aus über 750 Einzelerfassungen hervorgeht, dass ALLE Teilnehmer einen riesigen Spaß bei der FFP-Erfassung hatten und um Bestwerte eiferten, während fast ALLE Trainer sich einer IST-WERTE Erfassung ihrer Spieler mit dem Hauptargument „das wollen meine Spieler nicht" , verweigerten. Zudem zeigte sich bei vielen klar und deutlich die ANGST vor dem Erhalt „tatsächlicher" Ergebnis-Werte und deren Bewertung ab. Wie es scheint, fühlen sie sich durch negative Ergebnisse in dem Erfolg ihrer Arbeit enttarnt.

Ein weiteres Hindernis bei vielen Trainern und Betreuern scheint die Bereitschaft und auch das Verständnis für analytisches Arbeiten und der damit verbundenen Erstellung von speziellen Trainingskonzepten anhand vorgegebener IST-Werte, zu sein. Dabei ist eine Potentialanalyse nichts anderes als eine IST-Werte Erfassung von tatsächlichem und temporär vorhandenem Leistungspotential.

Während Profieinrichtungen diese Verfahren hauptsächlich in ihren Leistungszentren anwenden, ist die Philosophie, die hinter der Idee Leistungsdiagnostik im Amateur- und Jugendfußball steht, eher die, dass gerade im Jugendfußball (ab der F-Jugend) schon damit begonnen werden sollte, Ist-Werte zu erfassen, auszuwerten und gezielt Defizite abzubauen und Potentiale zu fördern und so schon von Beginn an Mannschaft übergreifend, optimiert auszubilden.

Damit alle Vorurteile gegen die Erfassung von Daten, Zahlen und Fakten von Spielern, widerlegt werden können, wurde gezielt das FFP-Potentialanalyseverfahren für Kleinvereine entwickelt. Bei der Erfassung können in nur wenigen Stunden zwei komplette Mannschaften (30 Personen) erfasst und ausgewertet werden.

Bevor ich jedoch auf den Punkt des zweiten Schrittes und der damit verbundenen Bedeutung des FFP-Potentialanalyse-verfahrens eingehe, möchte ich kurz dieses Verfahren erläutern.

Was ist das FFP-Potentialanalyseverfahren?

Das FFP-Potentialanalyseverfahren basiert auf einer Zusammenführung unterschiedlicher Anforderungen innerhalb einer Leistungsbeurteilung eines Fußballspielers bzw. eines ganzen Teams. Dabei wurde darauf Wert gelegt, dass ein möglichst großes Spektrum an Erfassungsbereichen abgedeckt wird, um ein aussagekräftiges Resultat zu erhalten.

2014 begann ich im Rahmen, eines von mir gegründeten und betriebenen Fußball-Förder-Projektes, erstmals damit, Leistungsdaten meiner 16 Kicker aus der FU9 zu erfassen. Während sich die Erfassung in den Anfängen noch auf wenige Bereiche und auch Datenerhebungen beschränkte, wurden diese im Laufe der folgenden Jahre immer mehr angepasst und in ihrer Durchführung optimiert. Maßgeblich, neben mir, waren auch Armin Haussmann, als erfahrener Trainer mit B-Lizenz, sowie Fußballexperten, Gerätehersteller u. v. a. an der Optimierung beteiligt.

Die Optimierung belief sich aber nicht ausschließlich auf die Erfassungswerte, sondern auch auf die Erfassungsgerätschaften. So wurden zum Beispiel bei den ersten Erfassungsversuchen Sprintzeiten mit der Stoppuhr und Sprunghöhen noch mit dem berühmten Klebestreifen an der Wand durchgeführt.

Heute im Jahre 2019 sind diese Verfahren so weit optimiert, dass professionelle und dennoch erschwingliche Gerätschaften zur Erfassung von Daten und Zahlen eingesetzt werden können. Aus zwölf Erfassungswerten und das sind immerhin vier mehr als die Methode „Köln-Bochumer-Test" des DFB-Verfahrens aufweist. In das FFP-PA Verfahren wurden letztendlich insgesamt 49 Einzelwerte aufgenommen. Angefangen von Größe und Gewicht, bis hin zu Staying-Power-Werten. Das lag auch daran, dass wir feststellten, dass fast alle Verfahren nur Leistungen, die mit dem vermeidlich starken Fuß erbracht wurden, bewerteten. Beim FFP-PA-Verfahren wurden deshalb in vielen Einheiten BEIDE Fuß-ergebnisse integriert.

Das FFP-Potentialanalyseverfahren ist flexibel ausbaubar. So können neben dem Standardverfahren mit 49 Erfassungen auch Erfassungsbereiche separat und in Kurzform (FFP-Challenge) durchgeführt und berechnet werden. Das Herzstück des gesamten, standardisierten und urheberrechtlich geschützten Verfahrens ist die FFP-Score-Werte-Tabelle. Sie ist einmalig und setzt alle Score-Werte-Berechnungen in Verhältnis von IST-Werten der Spieler zu aktuellen Höchstwerten und Bestleistungen die innerhalb der Tabelle hinterlegt sind. Die Höchstwerte werden immer aktualisiert und entsprechend angepasst. Der jeweilige erreichbare Höchst-Score beträgt 1.000 Punkte. Wird dieser überschritten, sollten die Höchstwertevorgaben neu angepasst werden.

Sinn und Ziel einer Potentialanalyse?

Schon bei meiner ersten Buchveröffentlichung zum Thema Leistungsdiagnostik im Amateur- und Jugendfußball habe ich gefragt: sinnvoll – oder nur zusätzliche Belastung? Die Antwort lautete -sinnvoll-. Um es aber noch einmal zu verdeutlichen, warum eine FFP-Potentialanalyse sinnvoll ist und was das Ziel einer Erfassung ist, möchte ich dies schrittweise erörtern.

Der Sinn

einer Potentialanalyse liegt zweifelsohne in der Erkenntnis tatsächlich vorhandener und erfasster IST-Werte und nicht in den subjektiven Empfindungen von Trainern und Betreuern. Nur wenn ein Trainer tatsächlich, exakt erfasste IST-Werte des Teilnehmers einer Potentialanalyse vorliegen hat, kann er beurteilen, wo tatsächlich Defizite und auch Potentiale vorliegen. Es handelt sich hierbei oft nur um zehntel Sekunden oder wenige Zentimeter, die den großen Unterschied ausmachen und mit bloßem Auge nicht erkennbar sind.

Das Ziel

einer Potentialanalysen-Erfassung liegt darin, durch klar angezeigte IST-Werte zu erkennen, wo exakt die Defizite und auch vorhandenen Potentiale liegen, um diese durch gezielte Trainingsmaßnahmen entweder zu eliminieren oder auszubauen. Dabei ist der Trainer angehalten, in regelmäßigen Abständen eine Potentialanalyseerfassung durchzuführen, um den Erfolg seiner zusätzlich „verordneten" Trainingseinheiten zu überprüfen und eventuell anzupassen.

Beispiel StayingPower-Werte eines Teilnehmers im Verhältnis zu den aktuellen Bestwerten.

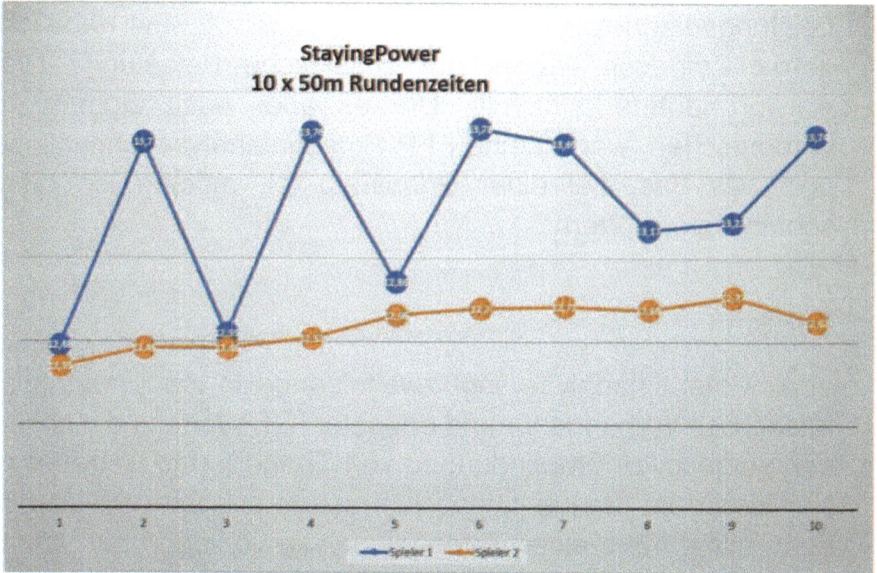

Beispiel Schuss-Weiten Werte eines Teilnehmers im Verhältnis zu den aktuellen Bestwerten.

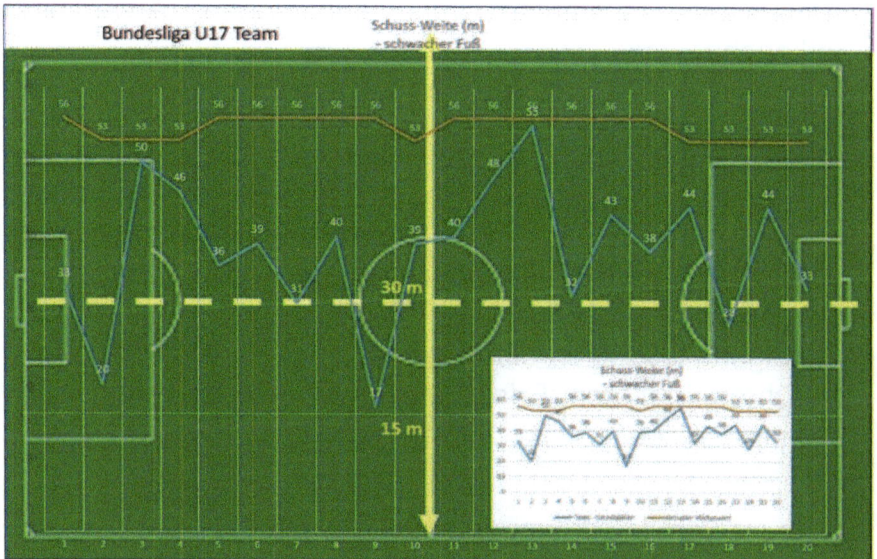

Fazit:

Nur wenn ein Trainer klare Erkenntnisse über die Leistungsstände seiner Spieler hat, kann er beurteilen, ob diese für die ein oder andere Position innerhalb seiner spieltaktischen Überlegungen einsetzbar sind oder nicht. So kann zum Beispiel ein Spieler, der kein großes StayingPower hat, schlecht im Mittelfeld als Aufbau- oder auch Defensivspieler eingesetzt werden, weil ihm schon nach kurzer Zeit die „Puste" ausgeht und er somit an dieser Stelle falsch eingesetzt wäre. Dies gilt auch für einen Konterspieler, der lange Wege zurücklegen muss. Hat er kein „Stehvermögen", wird er den Sprint gegen einen guten Verteidiger verlieren.

Wie groß die jeweils gemessenen Sprintunterschiede sein können zeigt das Beispiel eines 20m Sprints mit Christiano Ronaldo.

Bei unserem Beispiel werden die Zeiten von Christiano Ronaldo (CR7) mit denen des schnellsten Spielers (Christian) und dem langsamsten (Anil) einer 3. Kreisklasse-Mannschaft verglichen. Auf 20 m nimmt CR7 Christian ganze 1,53 m und Anil sogar 8,50 m ab. Im Klartext heißt dies, dass keiner der Beiden jemals eine Chance hat, gegen CR7 an den Ball zu kommen.

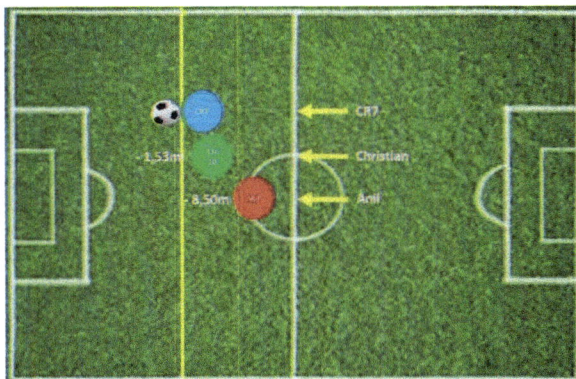

Diese Beispiele und Aufzählungen betreffen fast alle Bereiche innerhalb der Leistungserwartung eines Trainers an seine Spieler.

Im Prinzip dient eine exakt und kontinuierliche Potential-analyse-Erfassung mit anschließender Trainingsumsetzung nichts anderem als einer Spieler- bzw. Teamoptimierung.

Ein weiteres Ziel ist die mögliche Inanspruchnahme von Ausbildungsvergütungen bei Spielertransfers. Ein guter Nebeneffekt könnte daraus erwachsen, wenn Spieler besondere, messbare Eigenschaften mitbringen, die eventuell anderen Abteilungen (Tennis, Basketball, Leichtathletik, etc.), innerhalb des Vereins zugutekämen. Z. B. wird ein Teilnehmer mit extrem guten Sprintwerten erfasst, der aber in allen anderen Werteanforderungen eines Fußballer-Daseins durchfällt, entdeckt, könnte er so der Leichtathletik zugeführt werden. Gehen wir noch einen Schritt weiter, so könnten, auf Grundlage einer exakten Erfassung mit „Echtheitswerten", auch gezielte Trainings-einheiten an andere Abteilungen zur Verbesserung dieser Werte ausgelagert werden. Wie wir sehen, basiert dies alles auf der Vorlage von exakt erfassten Daten und Zahlen.

Das FFP-Potentialanalyseverfahren beinhaltet in seiner Standard-Version 47 Erfassungspunkte bzw. IST-Werte Erfassungen. Es kann jederzeit flexibel auch in einzelne Teilbereiche, sogenannte Short-Versionen, aufgeteilt werden. Diese Formen dienen dazu, Trainern, die entweder unter Zeit- oder Personalmangel leiden, oder nur Leistungsausschnitte ihrer Spieler und Teams, bewerten wollen, diese durchzuführen.

Das Ergebnis einer jeden FFP-Potentialanalysenerfassung, ob es sich um die Standard- oder eine Short-Version handelt, ist immer der Score-Wert!

AZ-T	Leibchen	Vorname	Nachname	Alter	Gesamt	Basics	Technik	S & D	ST-Power
20	Nr.								
1	1	Achim	Blond	17	760	762	699	810	769
1	2	Bernd	Braun	16	742	773	606	811	778
1	3	Christian	Grau	16	835	851	794	899	798
1	4	David	Rot	16	762	735	747	850	717
1	5	Ernesto	Gelb	17	779	819	591	836	872
1	6	Frederik	Grün	17	777	776	603	892	835
1	7	Gerry	Blau	17	752	727	570	886	828
1	8	Henrik	Lila	17	784	799	624	860	851
1	9	Isaak	Orange	16	778	774	538	898	902
1	10	Jannek	Lerche	16	768	725	674	878	795
1	11	Karim	Buche	16	766	740	539	900	884
1	12	Luigi	Baum	17	777	716	720	851	822
1	13	Marvin	Eiche	17	788	750	715	845	843
1	14	Nils	Erle	17	762	782	541	882	844
1	15	Oliver	Birke	16	822	823	733	876	855
1	16	Pedro	Bambus	16	789	777	680	875	825
1	17	Querin	Blaukraut	16	851	837	870	865	831
1	18	Roberto	Sauerkraut	16	774	802	607	874	815
1	19	Siegfried	Butter	16	797	828	664	888	808
1	20	Theo	Marmelade	16	824	886	599	894	918

Auf den nachfolgenden Seiten wird die „Vollversion" des FFP-Potentialanalyseverfahrens exakt und inklusive des „weshalb und warum" ausgerechnet diese Punkte erfasst werden, beschrieben.

Die Erfassungs-Kategorien einer FFP-Potentialanalyse

Eine sinnvolle und komplette Potentialanalyse, sowohl für einzelne Spieler als auch für komplette Teams gliedert sich in fünf Mess-Bereiche:

Basics,

Technik,

Sprint, Dribbling,

StayingPower

Um später bei der Auswertung und Optimierung einzelner Erfassungspunkte, und somit das Spielerverhalten und die jeweiligen Bewegungsabläufe, wie Fußstellung, Ballführung und Reaktionsverhalten genau zu analysieren, können einzelne Passagen als Video aufgenommen werden. Dies dient als zusätzliche Unterstützung bei der späteren Ausarbeitung von Trainingseinheiten und Optimierungsversuchen. Bei dem, eigens von mir kreierten FFP-Potentialanalyseverfahren, wurde absichtlich auf Erfassungen aus den Bereichen der Medizin (Blut- und Laktatwerte, Herz- und Pulsfrequenzmessung, sowie kardiologischen Tests (EKG, EEG, etc.)) und auch auf ernährungswissenschaftliche Aspekte verzichtet. Das FFP-Potentialanalyseverfahren konzentriert sich ausschließlich auf die elementaren Dinge, die völlig ausreichend sind, um erst einmal eine ordentliche Basis für einen Amateurclub-Trainer zu schaffen. Bei den von mir ausgewählten Inhalten einer jeden Kategorie, handelt es sich um Elemente, die völlig ausreichend sind, um eine/n Spieler/Spielerin gezielt aufzubauen. Dabei ist es das Ziel, die Leistung ALLER Teilnehmer anhand von Werten und daraus erstellten Trainingseinheiten so weit zu optimieren, dass ausreichend Grundlagen gegeben sind, um später komplizierte Spielabläufe und Taktiken umzusetzen.

Die Scorewerte-Berechnung

Alle erfassten Leistungswerte werden innerhalb eines Erfassungsprogrammes erst einmal als reine Werte (m, cm, km/h, Min./Sekunden, Anzahl, etc.) (eingegeben) hinterlegt. Anhand der eingegebenen Zahlen, berechnet das Programm in Bezug auf aktuelle, hinterlegte Höchstwerte, innerhalb einer Alters- und Geschlechtergruppe, den tatsächlichen Scorewert des Teilnehmers. Score-Werte werden sowohl als Teil-Score für jede Erfassungskategorie, als auch als Gesamtscore ausgewiesen und angezeigt.

Höchstwerte-Tabelle

Höchstwertevorgaben - männlich m7-m35

Basics	Maßeinheit	7	8	9	10	11	12	13	14	15	16	17	18
1 Größe	cm	128	134	139	144	150	155	163	170	175	178	175	180
2 Gewicht	Kg	27	31	34	39	43	47	54	61	66	71	72	74
3 BMI	ohne	16,48	17,26	17,60	18,33	19,11	19,56	20,82	21,11	21,55	22,41	22,47	22,84
4 Fettanteil Körper	%	17	17	17	17	17	20	20	20	18	15	18	17
5 Anteil Skelettmuskulatur	%	30	30	30	30	32	34	36		44	45	45	45
6 Lungenvolumen	ml	3000	3100	3200	3300	3400	3500	3600		6100	6100	6100	6100
7 Squat Jump	cm	32,00	33,00	35,00	40,00	45,00	45,00	45,00		51,00	51,00	51,00	51,00
8 Counter Movement Jump	cm	32,00	33,00	35,00	40,00	45,00			47,00	53,70	55,20	55,20	55,20
9 Drop Jump	MS	159	159	159	159	159			134	134	128	128	128

Technik	Maßeinheit	7	8	9	10	11	12	13	14	15	16	17	18
10 Schussgeschwindigkeit rechts	Km/h	65					62	62	95	98	118	120	120	120
11 Schussgeschwindigkeit links	Km/h	55				90	92	95	95	105	105	105	105
12 Schussweite rechts	m	26				35	38	42	45	65	65	65	65
13 Schussweite links	m	24			36	37	37	42	45	51	50	50	50
14 Einwurfweite mit Anlauf	m	10	14	17	18	20	20	22	22	25	25	25	25
15 Schussgenauigkeit rechts	AZ-Treffer	6	6	6	6	6	6	6	6	6	6	6	6
16 Schussgenauigkeit links	AZ-Treffer	6	6	6	6	6	6	6	6	6	6	6	6
17 Passgenauigkeit rechts	AZ-Treffer	3	3	3	3	3	3	3	3	3	3	3	3
18 Passgenauigkeit links	AZ-Treffer	3	3	3	3	3	3	3	3	3	3	3	3

Sprint and Dribbling	Maßeinheit	7	8	9	10	11	12	13	14	15	16	17	18
Sprint linear													
19 nach 10 m	5-Sekunden	2,01	2,00	1,98	1,95	1,94	1,92	1,90	1,88	1,54	1,54	1,54	1,54
20 nach 20 m	5-Sekunden	2,95	2,80	2,97	2,85	2,81	2,69	2,61	2,53	2,45	2,36	2,28	2,20

AZ-T	Leibchen Nr.	Vorname	Nachname	Alter	Gesamt	Basics	Technik	Sprint	Dribbling	ST-Power
20										
1	1	Achim	Blond	17	785	762	699	810	760	895
1	2	Bernd	Braun	16	703	773	606	811	762	565
1	3	Christian	Grau	16	815	851	794	899	873	660
1	4	David	Rot	16	762	735	747	850	818	660
1	5	Ernesto	Gelb	17	741	819	591	836	798	660
1	6	Frederik	Grün	17	759	776	603	892	864	660
1	7	Gerry	Blau	17	744	727	570	886	876	660
1	8	Henrik	Lila	17	755	799	624	860	830	660
1	9	Isaak	Orange	16	751	774	538	898	887	660
1	10	Jannek	Lerche	16	755	725	674	878	839	660
1	11	Karim	Buche	16	743	740	539	900	874	660
1	12	Luigi	Baum	17	755	716	720	851	830	660
1	13	Marvin	Eiche	17	757	750	715	845	817	660

Beispiele

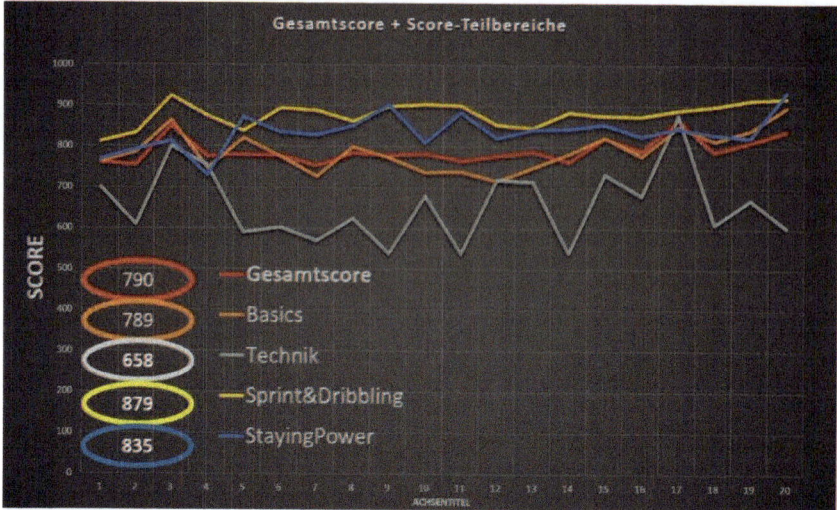

Gesamtscore + Score-Teilbereiche

790	Gesamtscore
789	Basics
658	Technik
879	Sprint&Dribbling
835	StayingPower

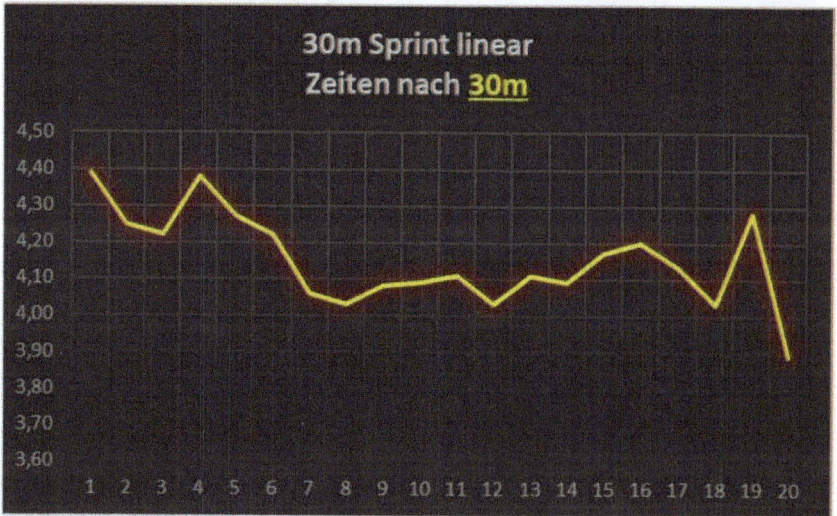

30m Sprint linear
Zeiten nach 30m

BASIC-Werte-Erfassung

Wir unterscheiden bei den BASIC – Werten zwischen Statistik- und Score-Wert-Vorgaben. Die „statistischen Werte" werden zum einen als Zuordnungselemente, zum anderen als Beobachtungs- und Entwicklungselemente angesehen. Zudem bilden sie die Grundlage zu einer besseren Beurteilung von Leistungsentwicklungen bzw. - stillständen.

So können gerade bei Jugendspielern kleine Körpergrößen dazu führen, dass Tricks und Finten oft deshalb nicht gelingen, weil der Beinabstand (Spreizbreite/Höhe) viel zu klein bzw. zu eng ist, um einen Ball entsprechend hindurchzuführen. Bei einem größer gewachsenen Spieler ist das oft problemloser, jedoch kann auch hier die wachstumsbedingte Körpergröße zu koordinativen Problemen und somit zu einem ähnlichen Resultat führen. Deshalb sollten die Norm-Werte auch bedingt als richtungsweisend angesehen werden.

Wir unterscheiden bei den Basic-Werten zwischen den sogenannten Statistikwerten und denen, die zur Scorewerte-Berechnung zählen. Die Statistikwerte dienen lediglich der Erkenntnisgewinnung zum allgemeinen körperlichen Zustand. Ist der Teilnehmer groß, klein, dick, dünn etc.

Die Score-Werte- hingegen sind reine Leistungsangaben wie: Sprunghöhen, Tappingzahlen etc.

Ein Trainer, der zwar sieht, dass sein Schützling quasi über Nacht größer geworden ist, darf sich nicht wundern, dass dieser dann plötzlich extreme Probleme bei ganz normalen Dingen, wie Ballannahme, Drehungen oder auch einfachen Sprints, aufweist. Von größeren Kindern wird oft mehr verlangt als von kleineren Spielern. Dabei sind sie möglicherweise gerade in einem Wachstumsschub und kommen mit der eigenen Koordination und kognitiver Umsetzung einfach nicht hinterher. Nur wenn diese Größenentwicklung einer ständigen Kontrolle unterliegt, können Leistungsdifferenzen schnell begründet und die Leistungs-Anforderung entsprechend dosiert werden. Vor allem können so Fähigkeiten, die zum Beispiel vor einem Wachstumsschub vorhanden waren, konserviert werden. Gleichzeitig kann vermieden werden, dass sich bei dem Spieler innerhalb eines Wachstumsschubes, Körperhaltungen und Fußstellungen manifestieren (Wie bei zu großen oder kleinen Fußballschuhen), die nach Beendigung seiner Wachstumsperiode, einmal angeeignet, automatisch übernommen werden. Diese einmal einstudierten Verhalten lassen sich dann kaum mehr abstellen und führen zu negativen Beurteilungen.

So ähnlich verhält es sich auch bei Gewicht (BMI), Anteil an Körperfett und – Muskulatur. Ein Spieler, der immer einige Kilo Übergewicht mit sich herumschleppt, wird immer etwas zu langsam sein und auch nur eine gewisse Sprunghöhe erreichen.

Anhand exakt gemessener Werte, können gezielt Trainingseinheiten erstellt oder die Ernährung umgestellt werden, um die Leistungswerte der Teilnehmer zu optimieren.

Zu den **Basic** **Statistik-Werten** zählen die Erfassungen von:

Körpergröße,
Körpergewicht,
Body-Maß-Index (BMI)
Körperfett
Skelettmuskulatur.

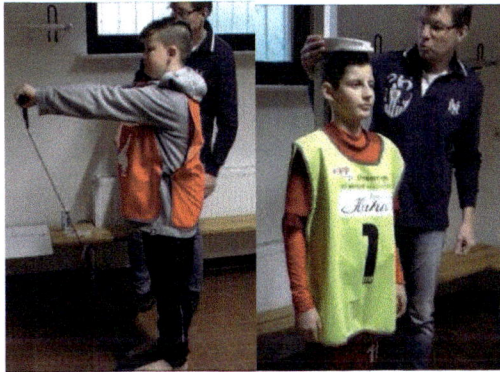

Zum Beispiel die BMI Berechnung

Einstufung	BMI	Körpergewicht
starkes Untergewicht	< 16,0	
mäßiges Untergewicht	16,0-17,0	Untergewicht
leichtes Untergewicht	17,0-18,5	
Normalgewicht	18,5-25,0	Normalgewicht
Vorstufe Adipositas	25,0-30,0	Übergewicht
Adipositas Grad I und II	30,0-40,0	starkes Übergewicht
Adipositas Grad III	> 40,0	Extremes Übergewicht

Zu den **Basic <u>Score</u>-Werten** zählen die Erfassungen von:

Lungenvolumen,
Drop-Jump,
Squat-Jump,
Counter-Movement-Jump
Tapping.

Die zu diesem Bereich zählenden Score-Werte sind als Leistungswerte zu betrachten. Sie geben nicht nur Auskunft über die Vitalkapazität der Lunge, sondern auch zu Sprung- und Schnellkraft entsprechender Beinmuskulatur, sowie der kognitiven und koordinativen Fähigkeit.

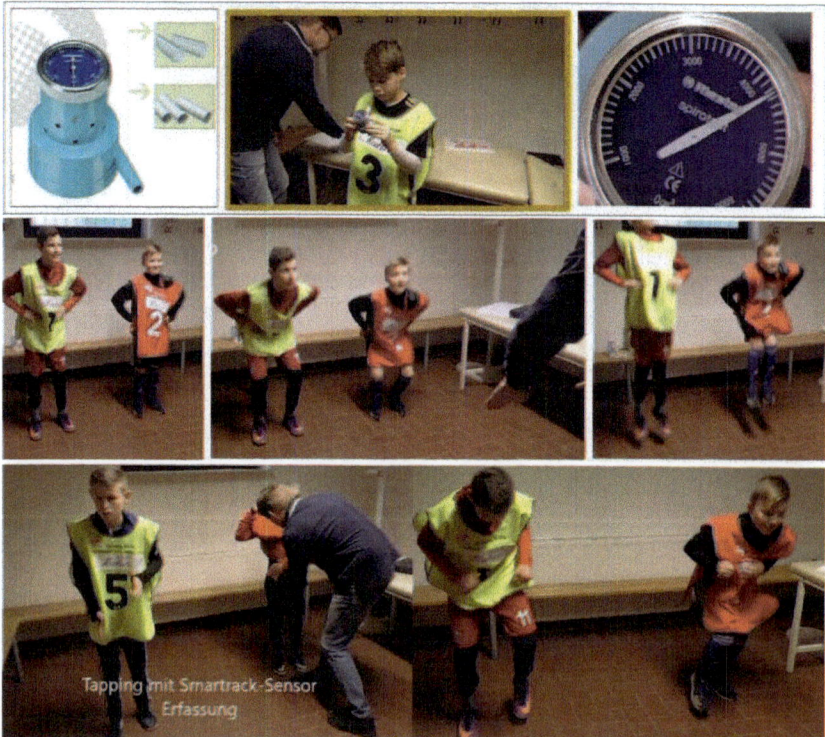

Tapping mit Smartrack-Sensor Erfassung

Zu den **Technik** **Score-Werten** zählen die Erfassungen von:

Schussgeschwindigkeit (starker/schwacher Fuß),
Schussweite (starker/schwacher Fuß),
Schussgenauigkeit (starker / schwacher Fuß),
Passgenauigkeit (starker / schwacher Fuß),
Einwurf-Weite,

Schuss-Geschwindigkeit

Schußgeschwin. starker Fuß Km/h	Schußgeschwin. schwacher Fuß Km/h
60	40
66	57
67	59
71	62
56	49
74	68
66	57
69	54
75	65

Schuss-Weite

Schußweite starker Fuß m	Schußweite schwacher Fuß m
20	9
29	16
29	15
27	19
30	9
34	22
27	19
23	15

Schuss-Genauigkeit

Schussgenauigkeit starker Fuß AZ-Treffer (Max.6)	Schussgenauigkeit schwacher Fuß AZ-Treffer (Max.6)
2	3
4	2
5	2
6	3
4	1
4	3
3	2
5	2

Pass-Genauigkeit

Passgenau. starker Fuß AZ-Treffer (Max.3)	Passgenau. schwacher Fuß AZ-Treffer (Max.3)
0	2
1	1
1	0
0	0
1	2
1	2
3	2
0	0

Einwurfweite

Einwurfweite m
8
6
9
8
8
11
10
10

FFP hat sich in seinem Potentialanalyseverfahren auf diese Erfassungspunkte festgelegt. Aktionen wie: Ball hochhalten und Ball jonglieren, scheinen eher weniger aussagekräftig und auch von der Durchführung her zeitaufwendiger zu sein. Diese Erfassung wäre lediglich ein Punkt für eine Short-Score Bewertung oder Challenge mit Schwerpunkt Ball jonglieren.

Zu den **Sprint-Score-Werten** zählen die Erfassungen von:

Sprint-Linear, (geradeaus)
Sprint-modular, (zickzack)

Die Zeiten werden im Gegensatz zur FFP-Challenge oder einer Short Analyse, der Genauigkeitshalber nur mittels Smartsensorik oder auch Lichtschrankentechnologie erfasst. Bei der Lichtschrankentechnik ist es möglich, zusätzlich die Reaktionszeit zu erfassen.

Bei beiden Erfassungen beträgt die Distanz 30 m und die Messpunkte 10 m, 20 m, 30 m

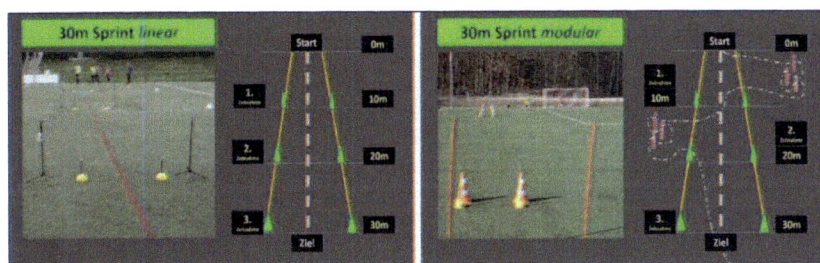

Warum Sprint-Geschwindigkeits-Messungen?

Es dürfte jedem Trainer einleuchten, dass jeder Spieler, inklusive des Torhüters, innerhalb eines Spieles mehrmals sprinten muss. Mit dem bloßen Auge sind Zeit- und Distanzwerte kaum zu erkennen. Dabei ist es enorm wichtig, einzelne Sektoren-Zeiten wie die Reaktionsphase, die Beschleunigungsphase und die Sprint- und Ausdauerphase genauer zu betrachten, um genau die Punkte zu trainieren, die bei dem Spieler als Schwachstellen erkennbar sind.

Beispiel: 20m Sprintgeschwindigkeit

In diesem Beispiel werden die Zeiten von Christiano Ronaldo (CR7) mit denen des schnellsten Spielers (Christian) und dem langsamsten (Anil) einer 3. Kreisklasse-Mannschaft verglichen. Auf nur 20 m nimmt CR7, Christian ganze 1,53 m und Anil sogar 8,50 m ab. Im Klartext heißt dies, dass keiner der Beiden jemals eine Chance hat an den Ball zu kommen.

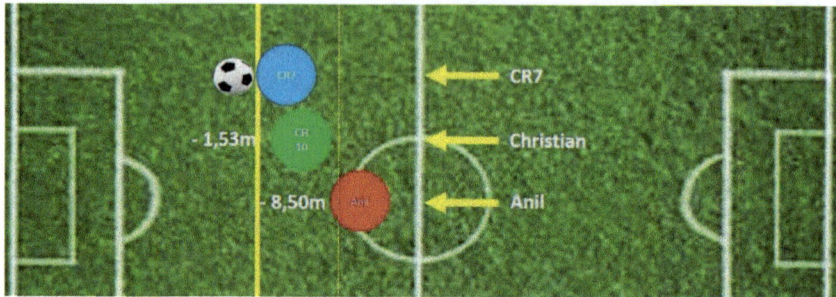

Fazit:
Spieler, die über ein entsprechendes Sprintpotential verfügen, werden die meisten Sprints um den Ball gewinnen. Spieler hingegen, die auf einer Teildistanz einbrechen bzw. schlecht aussehen. Spätstarter (Langsame Reaktion bzw. schlechtes Kognitivvermögen gleich mangelnde Reaktionsschnelligkeit). Schlechte Beschleunigung (keine schnelle Umsetzung der Beinarbeit, wenige, notwendige Bodenkontakte). Keine Sprintschnelligkeit entwickeln, oder auch bei längeren Sprints kein Stehvermögen haben, werden ihre Sprints verlieren.

Anhand exakter Zeitwerte, kann ein Trainer erkennen, ob der Teilnehmer ein Schnell- oder Langsam-Starter ist, oder hintenheraus kein Stehvermögen hat. Mit entsprechenden Trainingseinheiten, kann er nun diese Defizite gezielt abstellen, bzw. besonders positive Bereiche ausbauen.

Zu den **Dribbling-Score-Werten** zählen die Erfassungen von:

Dribbling (starker Fuß
Dribbling (schwacher Fuß)
Dribbling (beidfüßig)

Dribbling-Werte-Erfassung

Dribbling ist die Kunst, den Ball mit dem Fuß so zu führen, dass Gegner und Hindernisse schnell und elegant umlaufen, bzw. überwunden werden.

30 m Dribbling (Sekunden)

Warum Dribbling-Messungen?

Dribbeln ist im Fußball ein vielfältiges Mittel des kontrollierten Ballbesitzes. Beherrscht ein Spieler das Dribbeln, hat er viele Möglichkeiten Gegner auszuspielen oder Bälle zu sichern. Gutes Dribbling kann durch Tricks und Finten perfektioniert werden. Um herauszufinden, wie gut ein Spieler mit Ball Tempo aufnehmen und Richtungswechsel vollziehen kann, wurde der Stangenparcours entwickelt. Das FFP-Potential-analyseverfahren beinhaltet insgesamt 9 Werteerfassungen. Darunter finden sich jeweils drei Zeiten mit dem starken, dem schwachen und beiden Füßen.

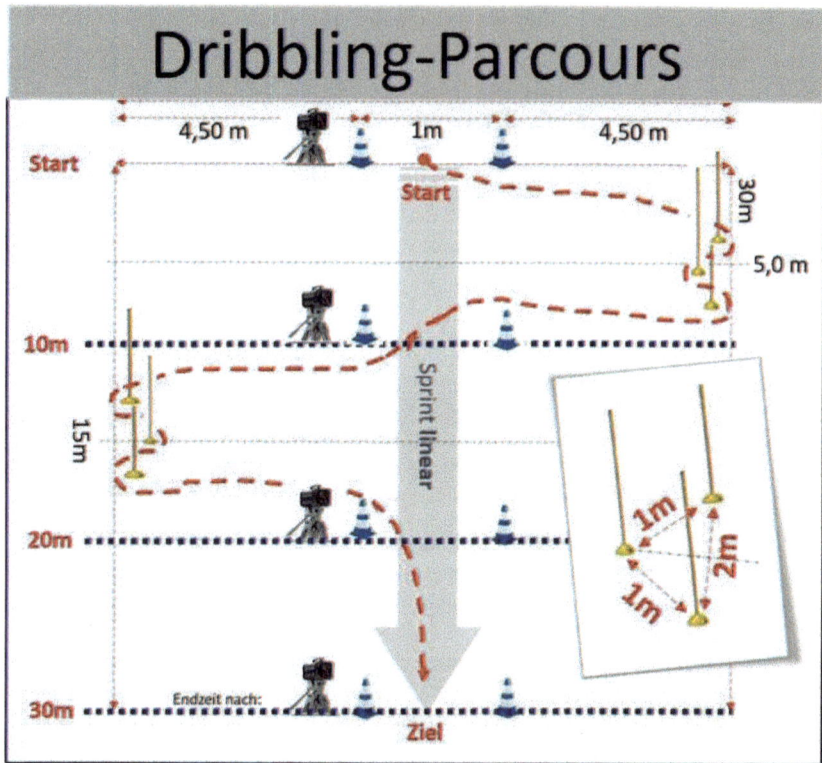

Dribbling-Parcours

Fazit:

Spieler die hier gute Werte erzielen, sind in der Lage gegnerische Abwehrspieler zu binden, zu überspielen und somit Lücken in die Abwehrformation zu reißen. Gleichzeit können sie in Pressing-Situationen Bälle behaupten und sich so aus der Umklammerung lösen.

Zu den **StayingPower-Score-Werten** zählen die
Erfassungen von:

Kraft und Energie,
Durchhaltevermögen,- willen
Ausdauer

Der Staying-Power-Parcours

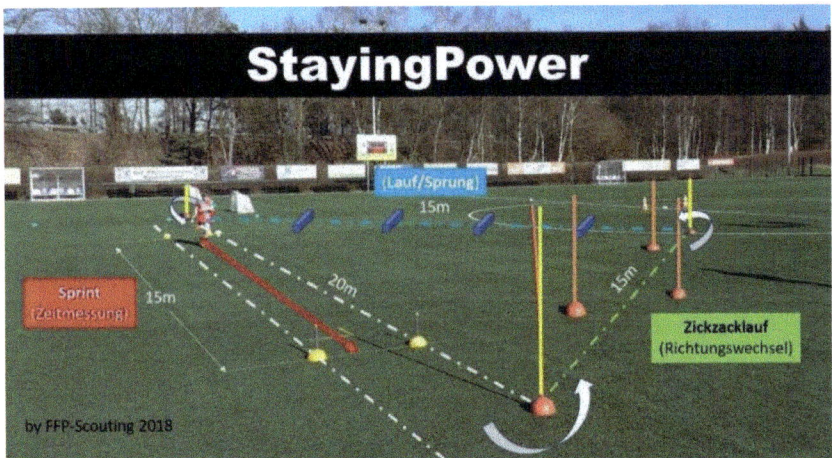

Er wurde eigens entwickelt, um auf möglichst kleiner Fläche,
Spieler mit unterschiedlichen und zeitgerechten Tempo- und
Richtungswechseln zu erfassen. Wurden früher und bei
vielen Trainern auch heute noch, Wald- und Dauerläufe als
Ausdauertraining angesetzt, so sind diese Trainings-
methoden für die heutigen Anforderungen an „Ausdauer"
nicht mehr gefragt. Kein Spieler dieser Welt läuft während
eines Spiels in einem gleichbleibenden Tempo. Vielmehr
sind ständige Tempo- und Richtungswechsel quasi im
Sekundentakt erforderlich. Dass wiederum erfordert
Kondition, Kraft, Durchhaltewillen und auch -vermögen.

Warum Staying-Power-Messungen?

Innerhalb eines speziell erstellten Parcours müssen Spieler jeweils 10 Runden á 50m absolvieren. Dabei sind vertikale und horizontale Richtungswechsel ebenso enthalten, wie eine Sprintstrecke. Anhand der gemessenen Zeiten für die jeweiligen Sprints, Runden und der Gesamtzeit, kann festgestellt werden, in welchen Bereichen oder auch zu welchen Zeiten der Spieler sogenannte Verschnaufpausen einlegt, wann er zulegen kann und wie der Zustand seines gesamten Stehvermögens zu bewerten ist.

Fazit:

Spieler, die möglichst schnelle und vor allem konstante Rundenzeiten absolvieren, verfügen über eine gute Konstitution und ein hohes Stehvermögen. Jeder Trainer kann anhand der exakt erfassten Zeiten klar erkennen, wo sein Schützling Verschnaufpausen einlegen muss und wie er bei den jeweiligen Sprinteinheiten abschneidet. Natürlich kann ein Trainer die Anzahl der Runden erhöhen oder anstatt Runden zu zählen, einfache Zeitläufe veranstalten. 10 Minuten, 20 Minuten, u.s.w. und dann die absolvierten Runden zählen.

Fazit einer

=

IST-WERTE-ERFASSUNG

Wer den eigentlichen Hintergrund einer Potentialanalyse erkannt hat, wird schnell zu der Überzeugung gelangen, dass eine optimale Ausbildung nur über tatsächliche und aktuelle IST-Werte von Spielern möglich ist.

Bis dato werden Optimierungen, im Gegensatz zu fast allen Bereichen unseres Lebens, einfach nur auf der gefühlten Ebene subjektiv durchgeführt.

Während man in Schulen, bei Ausbildungen und Studiengängen Test schreiben lässt und diese benotet, in der Fahrzeug, Flug- und Technikindustrie anhand von nackten Daten, Zahlen und Fakten Produkte bewertet und optimiert, werden im Sportbereich nur wenige Gruppen wie z. B. Leicht- und Biathleten, anhand von IST-Werten erfasst und optimiert.

Das Anhand dieser subjektiv gefühlten Bewertung die Fehler- (Einschätzung/Beurteilung) Quote extrem hoch ist und somit nicht nur Talente verloren gehen, sondern auch sehr oft falsch bzw. nicht zielorientiert ausgebildet werden, liegt auf der Hand.

Wenn es gelingt, Vereine, Trainer und Betreuer nicht nur in der Durchführung von FFP-PA's zu schulen, sondern auch davon zu überzeugen, dass nur das Wissen um tatsächliche „AKTUELE" IST-Werte ihrer Spieler, eine gezielte Trainings- und somit Spieleroptimierung ermöglicht, ist der Durchbruch geschafft.

Ausreden wie: das wollen meine Spieler nicht - brauchen wir nicht – überfordert meine Spieler – viel zu teuer – viel zu Zeitaufwendig etc. entfallen.

Eine FFP-PA, bei der 30 Teilnehmer erfasst werden, dauert vom Aufbau bis zur Auswertung 4 - 5 Std. und kann problemlos entweder an einem Tag oder an zwei Trainings- abenden durchgeführt werden. Stellt der Verein oder die Sporteinrichtung ein bis zwei Betreuer zur kontinuierlichen Erfassung (FFP-PA) aller Mannschaften oder auch denen, aus den Challenges empfohlenen Talenten ab, können diese Erfassungen ausgewertet und die Ergebnisse mit den jeweiligen Trainern besprochen und gleichzeitig gezielte Trainingseinheiten zur individuellen Optimierung von Spielern, kreiert werden. Somit haben Trainer bei einer Erfassung, bis auf die Beobachtung ihrer Spieler keine Aufgaben zu erfüllen. Sie könnten sich so die Zeit für Notizen oder sogar Videoaufzeichnungen nehmen, die bei der späteren Ergebnisbesprechung und auch für gezielte Trainingseinheiten herangezogen werden können.

Talent-Optimierung

Auf Grundlage von IST-Werten

Potentiale anhand der erhaltenen IST-Werte ausbauen

Dieser Schritt ist für die Gewinnung von Talenten ebenso wichtig wie Schritt1 die „FFP-Challenge" oder auch Schritt 2 die „FFP-Potentialanalyse".

Optimierung heißt:

Schwächen abstellen und Potentiale ausbauen.

Nachdem, anhand der ersten FFP-Potentialanalyse Stärken und Schwächen des Teilnehmers ermittelt wurden, werden in Zusammenarbeit mit dem jeweiligen Ausbilder/Trainer bzw. Betreuer für jeden Spieler oder kleine Gruppen, spezielle Optimierungsverfahren (Trainingseiheiten) erarbeitet und über einen vordefinierten Zeitraum (5-6 Monate) angewandt. Danach sollte erneut eine FFP-Potentialanalyse-Erfassung durchgeführt werden um die Ergebnisse (Fortschritte) dieser verordneten Einheiten zu kontrollieren und gleichzeitig zu dokumentieren. Durch ein solches, kontinuierlich angewandtes Verfahren, können dann entsprechende Nachbesserungen oder auch Trainingswechsel stattfinden. Bei all diesen Optimierungen, handelt es sich ausschließlich um die Punkte, die innerhalb der, mit 47 Erfassungen vorgegebenen FFP-Potentialanalyse enthalten sind.

Erfassungen und auch Optimierungen von Gesundheitsdaten, wie: Puls, Herzfrequenzmessungen oder Laktatwerte zählen ebenso wenig zur FFP-PA wie auch Taktikeinheiten und Spielverhalten.

Beispiele einer U17 Bundesligamannschaft (2018)

Anhand nachfolgender Beispiele versuche ich zu erläutern, wie gemessene IST-WERTE aussehen, warum sie zu betrachten sind, wo Ansätze zu einer Optimierung sind, und mit welchen Minimal-Methoden Verbesserungen erzielt werden können. Erst wenn ein Trainer (Optimierer) genau weiß, wo die Schwachstellen und auch Potentiale eines jeden Teilnehmers liegen, kann er anhand der vorliegenden Daten, Zahlen, Fakten, spezielle Trainingseinheiten/ Methoden kreieren bzw. veranlassen um den Leistungspunkt zu Verbessern. Das Ergebnis seiner erarbeiteten und dann angewandter Trainingseinheiten kontrolliert er anhand weiterer, kontinuierlich durchgeführter Potentialanalyse-Erfassungen. Betrachten wir die Funktion einer hohen Beschleunigung einmal an einem Beispiel: 1988 laufen bei den Olympischen Spielen von Seoul im 100 m-Finale Carl Lewis und Ben Johnson gegeneinander. Lewis liegt erkennbar schon nach 10 m etwas zurück, nach 30 m zeigt sich bereits eine deutliche Distanz zu Johnson und diesen Rückstand kann er auch bis ins Ziel nicht mehr aufholen.

Die nachfolgenden Tabellen zeigen die Einzelwerte eines 30 m Sprints von 20 Teilnehmern einer Bundesliga U17 Mannschaft. Gemessen wurde mit der SmarTrack-Technology und parallel dazu noch mit der Lichtschranken-technologie von WK- Elektronische Zeitmessanalgen (Zeitmessanlagen.de) im Jahre 2018. Erfasst wurden die Zeiten bei 10, 20 und 30 m.

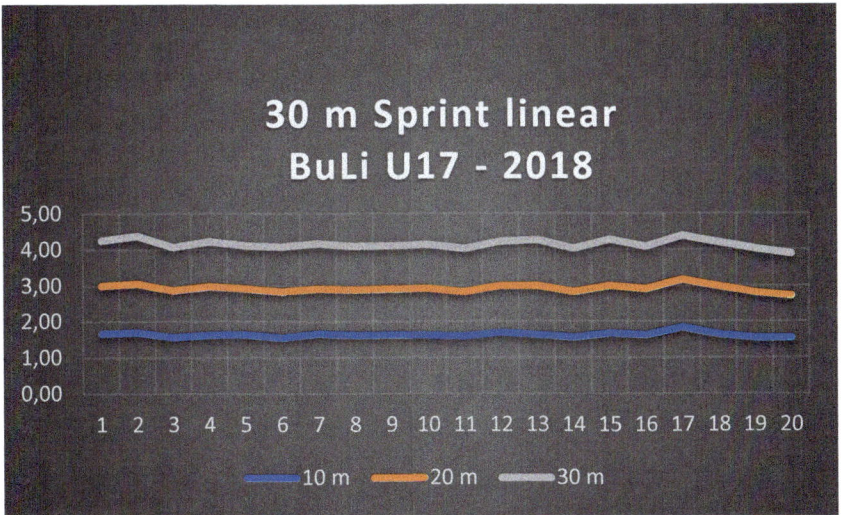

30 m Sprint linear
BuLi U17 - 2018

━━━ 10 m ━━━ 20 m ━━━ 30 m

Sehen die Zeiten auf dieser Grafik noch relativ gleich für alle Teilnehmer aus, so erhält man bei genauerer Betrachtung ein klares Bild aller Teilnehmer und deren Einzelwerte und Zwischenzeiten.

Ohne in wissenschaftliche Details zu gehen, zeigt dieses Schnelligkeitsmodell nach MARTIN/CARL/LEHNERTZ die einzelnen Phasen eines Sprints. Bei der FFP-PA wurde wegen der Erfassung mittels SmarTrak, auf die Reaktions-zeitnahme verzichtet. Mittels einer Lichtschranken-anlage kann diese, wichtige Zeiterfassung aber jederzeit vorgenommen und in die Scorewerteberechnung eingefügt werden.

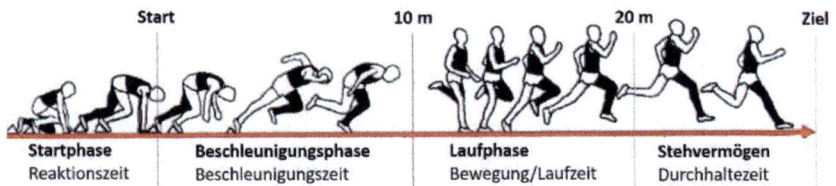

Start	10 m	20 m	Ziel
Startphase Reaktionszeit	**Beschleunigungsphase** Beschleunigungszeit	**Laufphase** Bewegung/Laufzeit	**Stehvermögen** Durchhaltezeit

Die **Beschleunigungsphase**

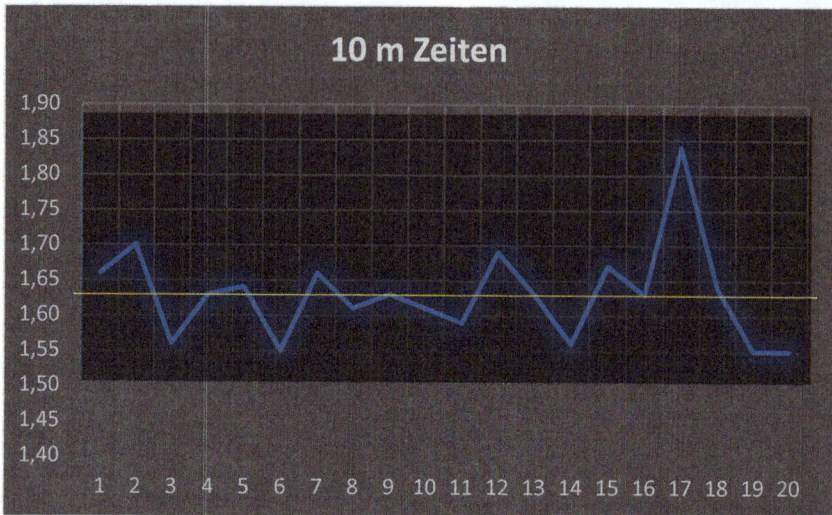

10 m Zeiten

Für einen Fußballspieler ist diese Beschleunigungs-Zeit neben der Reaktionszeit die wohl wichtigste. Die meisten direkten Duelle um den Ballbesitz spielen sich innerhalb von 10 m ab. Ist er zu langsam, wird er kaum ein Sprintduell gewinnen. Ist er auf dieser Distanz extrem schnell in seiner Beschleunigung, kann er sich schnell den entscheidenden Vorsprung sichern. Welche Unterschiede in Metern dabei herauskommen können, hatte ich auf Seite 71 am Beispiel mit Christiano Ronaldo skizziert.

Die gelbe Linie zeigt den aktuellen Durchschnittswert des Teams. Während 15 Spieler innerhalb oder sogar unterhalb dieses Wertes liegen, zeigt die Grafik jedoch, dass vier knapp und einer gewaltig über diesem Mittelwert liegen. Vergleicht man nun den Langsamsten (17) mit dem Schnellsten (6), dann sieht man einen Unterschied von 0,3 Sekunden = 1,6 m.

Bei der FFP-Score-Werte-Berechnung werden diese Zeiten ins Verhältnis zu den aktuellen Höchstwerten gesetzt.

Die **Laufphase**

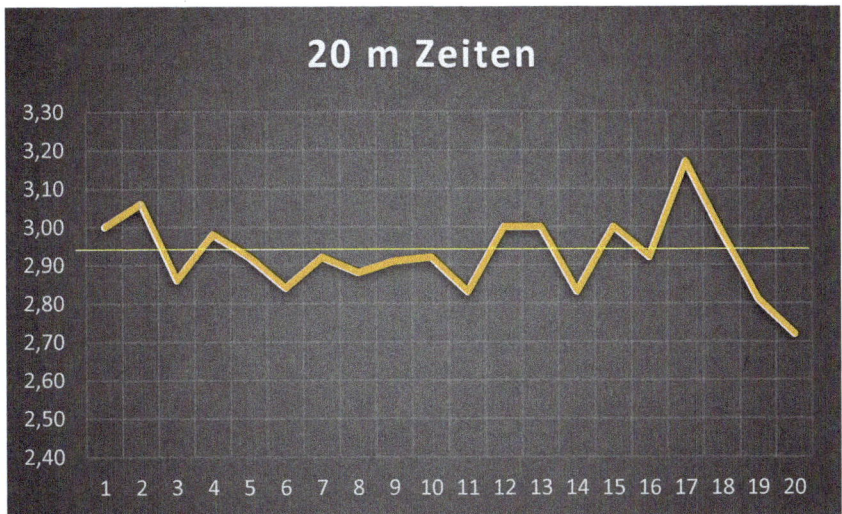

20 m Zeiten

Nachdem der Spieler seine Beschleunigungsphase ca. 10m beendet hat, geht er in die sogenannte Laufphase über. In diesem Bereich sollte er bemüht sein, seine max. Höchstgeschwindigkeit zu erreichen.

Die Laufphase ist der Bereich innerhalb eines 90minütigen Fußballspiels, den ein Spieler am häufigsten absolviert. Kurzsprint, Freilaufen, anbieten, hinterlaufen etc. Wer hier zu langsam ist, kann einen Spielzug erheblich behindern oder zum Scheitern bringen. Ein gutes Doppelpassspiel kann nur dann erfolgreich umgesetzt werden, wenn beide Spieler auf dem gleichen Lauf-Level sind.

Ideal wäre dies in diesem Fall bei der Spielerkonstellation 7 und 10. Absolut schlecht hingegen bei der Spieler-Paar-Kombination 17 und 20. Bei letzterem Beispiel würde der Unterschied zwischen dem langsamsten und schnellsten Spieler 0,4 Sekunden = glatte 2 m auf einer Strecke von 20m betragen.

Auch im reinen Sprintvergleich um die Balleroberung beider Spieler hätte der Spieler 17 keine Chance gegen die Nr. 20.

Die **Durchhaltephase = Stehvermögen**

30 m Zeiten

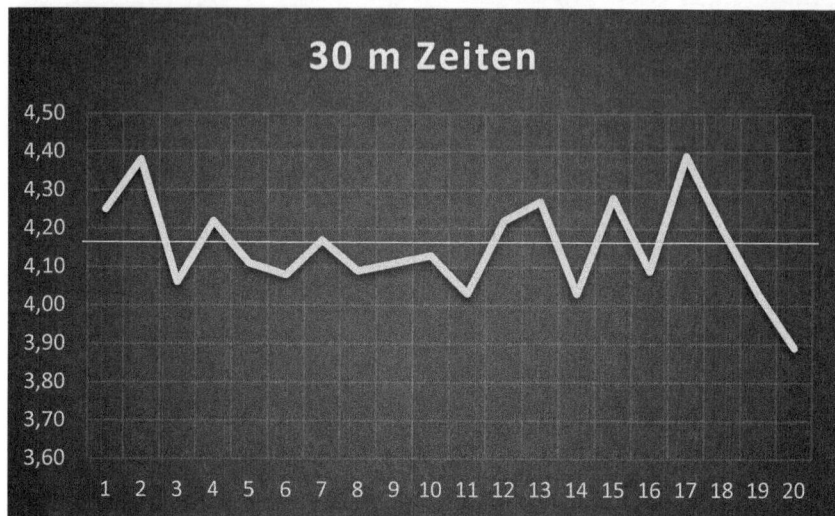

Die Zeitwerte innerhalb der Durchhaltephase, wie lang auch immer die Sprint-Strecke nach der Laufphase sein mag, ist für jeden Spieler (Trainer) entscheidend.

Spieler, die kein Stehvermögen besitzen, werden kaum einen Steilpass vor dem herannahenden Verteidiger erreichen können. Genauso verhält es sich im umgekehrten Falle. Ein Spieler, der als Verteidiger dem „Steil"-gehenden Spieler folgen will, muss über ein entsprechendes Stehvermögen verfügen.

Die Grafik zeigt, dass Spieler Nr. 2, neben der Nr. 17 ebenfalls erheblich eingebrochen ist.

Einen guten Eindruck hinterlässt jedoch Spieler 16, seine Werte zeigen, dass er, während er noch bei der 10 und 20m Zeitnahme noch im Schnitt des Team-Mittels lag, nun auf der

Durchhaltestrecke an Tempo zulegen konnte und somit für längere Sprints geeignet scheint.

Welche Schlüsse können wir allein aus diesen Sprint-Werten ziehen?

Anhand dieser Zeitnahmen, kann für jeden einzelnen FFP-PA Teilnehmer, sowie für ein gesamtes Team, ein exaktes, auf tatsächlichen Werten basierende Aussage getroffen werden. Dabei können Teilnehmer nicht nur untereinander, sondern auch an den tatsächlich erbrachten und aktuellen Bestwerten, verglichen werden.

Jeder Trainer, kann so sofort erkennen, wo in welchen Sprintabschnitten, die Schwächen, aber auch Stärken eines jeden Spielers zu finden sind.

Welche Maßnahmen können Trainer ergreifen, um Zeiten zu verbessern?

Im Gegensatz zur allgemein üblichen Praxis, dass alle Spieler die gleichen Trainingseinheiten absolvieren und dabei kaum eine Leistungssteigerung erfahren, kann auf Grundlage einer FFP-PA und der darin enthaltenen IST-Werte, eine gezielte Optimierung stattfinden.

Noch vor einigen Jahren, bzw. auch heute noch in den unteren Amateurligen, hätte man die Laufwege mit den jeweiligen Spielpositionen (Verteidigung/Mittelfeld/Angriff) in Verbindung gebracht und so auch den ein oder anderen Bereich für diese Gruppe vernachlässigt. Beispiel: ein Verteidiger schaltete sich kaum in den Angriff ein und ein Stürmer brauchte keine Abwehraufgaben zu übernehmen. In der heutigen Zeit jedoch vermischen sich die jeweiligen Aufgaben und Positionen oft untereinander und somit auch das Laufverhalten. Verschnaufpausen sind ebenso wenig vorhanden, wie Dauerläufe und langsames Traben. Fast jeder Spieler unterliegt einem ständigen Wechsel in der Form des Laufens. Sprint-Lauf- und Stehvermögen (= anaerobe) Laufformen sind im ständigen Wechsel und sind deshalb mehr gefragt als lange, gleichmäßige Laufbewegungen (=aerobe).

Deshalb ist es tausendmal angebrachter, Spieler einem Intervall-Training (sprinten-laufen-gehen-sprinten-laufen-gehen -n) zu unterziehen, als sie stupide Runden um den Platz, bzw. das Dorf laufen zu lassen.

Kommen wir nun zu den Erkenntnissen und den Trainings-maßnahmen bei den einzelnen Sprintbereichen.

Kognitivphase.
Sie steht eigentlich an erster Stelle

Aufgrund fehlender technischer Voraussetzungen wird diese Phase bei der FFP-PA nicht gemessen. Das Kognitivtraining (Spielsituation erahnen, Verhalten von Gegner und Mitspielern beobachten und bewerten, sich gedanklich auf die erforderliche Reaktion/Maßnahme einstellen etc.), bedeutet, dass der Spieler alle Sinne geschärft und Körperpartien auf „Alarm" gestellt hat. Je besser das „Frühwarnsystem" funktioniert, desto besser die Reaktions-zeit. Im Klartext heißt das, der Spieler ist auf das was gleich passieren wird, vorbereitet.

Es gibt eine Menge gezielter und einfach umzusetzender Übungen um die Kognitivfähigkeiten auszubauen.

Reaktionsphase.
Sie kommt direkt nach der Kognitivphase

Auch diese wird in der herkömmlichen FFP-PA nicht erfasst. Sie kann jedoch unter Anwendung einer Lichtschranken-Zeiterfassung gemessen und entsprechend bewertet werden. Die Reaktionszeit ist dabei mitentscheidend, ob die Beschleunigungsphase gegenüber dem Konkurrenten gut oder weniger gut stattfindet. Der Reaktionszeit geht in der Regel die Kognitivzeit (Erkennen-Erfassen und Einschätzen bis Alarm geben) voraus. Je besser die Kognitivität, desto schneller die Reaktionszeit. Ein Spieler der von der Situation, weil er sie nicht erkannt hat, überrascht wird, hat kaum eine Chance so schnell zu reagieren wie der, der sich auf das zu erwartende Ereignis eingestellt hat.

Beispiel:
Ein Spieler steht einen Meter vor der eigentlichen Startlinie und wartet auf ein Signal. (umspringende Ampel oder Schuss aus der Pistole) Alle seine Sinne sind geschärft und er weiß, dass, sobald das Signal erscheint/ertönt, er starten muss.

Ein anderer Spieler steht ebenfalls an der gleichen Position, aber es hat ihm niemand gesagt, dass er ein Startsignal erhält und welcher Art es ist. Bei ihm sind die Sinne nicht geschärft und die Alarmbereitschaft, wenn überhaupt auf kleinster Stufe. Dieser Spieler braucht bedeutend länger, bis er verstanden hat worum es geht. Folglich ist auch seine Reaktionszeit bedeutend langsamer.

Mit der Reaktion erfolgt auch der Start und somit auch die

Beschleunigungsphase

Das sind in der Regel die ersten 8- 12 m eines Sprints.

Bei einer standardisierten FFP-PA ist dies die erste gemessene Zeiteinheit. Genau nach 10 m wird nun Beschleunigungszeit (vom eigentlichen Startgate bis zu diesem) gemessen und bewertet. Diese Zeit ist für jeden Trainer (Spieler) von enormer Wichtigkeit. Innerhalb dieses Bereiches werden Grundsteine für einen erfolgreichen Abschluss oder auch Start einer Aktion gelegt. Ein Spieler, der hier zu langsam ist, wird die Aktion des Gegners kaum oder wenn, dann nur durch ein Foul unterbinden können. Das Gleiche gilt natürlich auch im umgekehrten Sinne. Ein Spieler der schneller beschleunigt als sein Gegner, wir sich immer einen Vorteil verschaffen können.

Durch exakte Messungen und ein gezieltes Training können schon in kurzer Zeit diese Defizite abgestellt werden. Dabei kommt es weniger darauf an, den Spieler mit seinen Mannschaftskameraden im Sprintduell zu vergleichen, als ihn in dieser Phase genauestens zu beobachten und dann kleine Korrekturen vorzunehmen.

Laufphase und die Durchhaltephase = (Stehvermögen)

Oft sind es koordinative oder auch grundlegende Dinge, die einen Spieler beim Laufen/Sprinten oft schlecht aussehen lassen.

Zum Beispiel können viele nicht geradeaus laufen, belasten das vermeidlich starke Bein mehr als das Schwache und laufen somit unrund oder sie pendeln extrem mit dem Oberkörper u.s.w. Schrittlängen und Atemtechniken zählen dann eher zu den grundlegenden Dingen, die deren Defizite oder auch negative Eigenschaften können ebenso wie die kognitiven- und reaktiven Eigenschaften durch gezielte

Trainingsmaßnahmen abgestellt und das Sprintvermögen des Spielers optimiert werden.

Durchhaltephase = Stehvermögen

In dieser Laufphase, sind die Unterschiede optisch viel schneller und auch deutlicher zu erkennen, als dies in der Beschleunigungs- bzw. Laufphase der Fall ist. Ein Spieler, der bei einem langen Sprint quasi nach hinten hinaus keine Kraft/ Puste mehr hat, wird schlecht für einen schnellen Konter oder auch Flankenlauf einsetzbar sein.

Fazit einer Sprint-Zeiten Optimierung

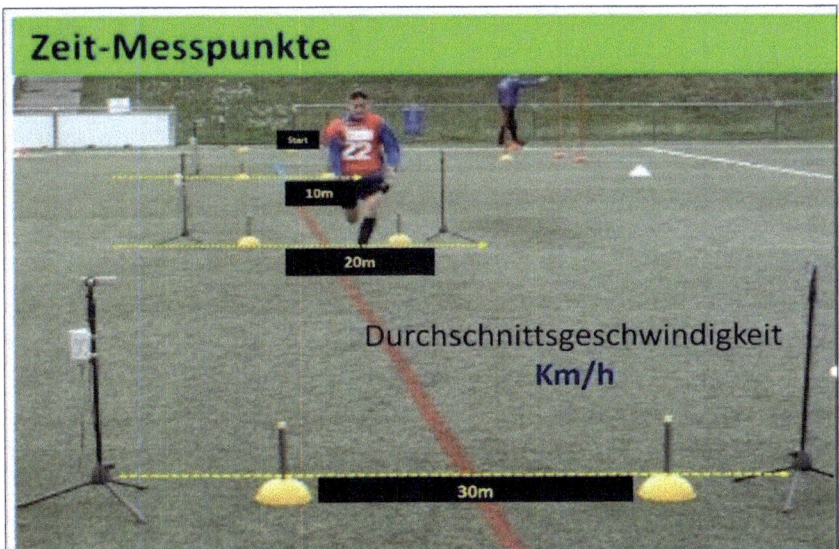

Wie die zuvor, in Kurzform beschriebenen Phasen eines Sprints und den darin enthaltenen Zeitunterschieden zeigt, können Trainer, falls sie sich mit diesen Werten und den Auswirkungen auseinandersetzen, erkennen, wo sie bei jedem Spieler den Optimierungshebel ansetzen können.

Sprint 21	Sprint 22	Sprint 23	Sprint Km/h 24	Beispiel: U17
linear	linear	linear	Geschwindigkeit	
10m	20m	30m	bei 30m	
Sekunden (S)	Sekunden (S)	Sekunden (S)	Km/h	
1,86	3,00	4,25	25,76	
1,70	3,06	4,18	24,97	
1,56	2,06	4,09	26,92	
1,63	2,38	4,22	25,93	
1,64	2,52	4,11	26,77	
1,55	2,84	4,08	26,72	
1,66	2,92	4,17	26,85	
1,61	2,88	4,09	26,82	
1,63	2,91	4,11	26,73	
1,62	2,92	4,13	26,53	
1,59	2,83	4,03	27,14	
1,69	3,00	4,22	26,09	
1,64	3,00	4,27	25,37	
1,56	2,81	4,03	27,14	
1,67	3,00	4,28	25,58	
1,83	2,52	4,09	26,52	

Die wenigsten Trainer jedoch analysieren das Laufverhalten anhand von wirklich gemessenen Zeiten. Sie sehen nur, ob ihr Spieler den Ball erreicht oder die Flanke nach einem Liniensprint noch hereinbringen oder ob der Verteidiger mit seinem Gegenspieler bei einem Konter mitgehen kann. Diese optische und subjektive Wahrnehmung lässt die meisten Trainer schnell zu einem gravierenden Fehlurteil in der Laufanalyse des Spielers kommen. Anstatt die Spieler entsprechend zu trainieren und ihre Laufdefizite abzustellen, setzen sie die Spieler auf anderen Positionen ein oder stellen sogar ihr Spielsystem komplett um. Werden Spieler wie aufgezeigt anhand erbrachter Zeiten entsprechend trainiert (auch unter Zuhilfenahme eines Athletik- Sprintexperten), erfährt nicht nur der Spieler selbst eine Optimierung, sondern auch das gesamte Team. Jeder kann dann quasi, was die Laufleistung betrifft, auf jeder Position eingesetzt werden. Auch taktische Konzepte des Trainers können so besser umgesetzt werden. Zur Sprintoptimierung helfen einfache Mittel wie Tapping-Einheiten, Krafttraining, Intervall-Läufe, Laufduelle mit und ohne Ball, Kognitivübungen (hören, sehen, 360° Rundumblick etc.) Reaktionsübungen (Starts, Fangen etc.). Übungen und Anleitungen gibt es ohne Ende als Fachliteratur oder auf YouTube.

Genauso wichtig wie das Optimieren des Sprintvermögens ist das Optimieren der

Technik- Basic-Werte.

Bei 99% aller FFP-Potentialanalysen-Erfassungen waren gravierenden Unterschiede zwischen den jeweiligen Werten des **starken** und des vermeintlich **schwachen** Fußes festzustellen.

Schuss-Geschwindigkeits-Messung

Technik	Technik
12	13
Schußgeschwin.	Schußgeschwin.
starker Fuß	schwacher Fuß
Km/h	Km/h
60	40
66	57
67	59
71	62
56	49
74	68
66	57
69	54
75	65

Beispiel: D-U12

Die oben abgebildete Grafik zeigt die Geschwindigkeits-Unterschiede einer D-U12 Mannschaft. Sie könnte aber genauso gut auch die einer F, C, B, A-Jugend, Herren oder Damenmannschaft sein. Wie sich aus über 2500 Messungen in Vereinen oder auch auf Sportfesten zeigte, waren bei fast allen Teilnehmern die Unterschiede zwischen starkem und schwachem Fuß identisch. Obwohl fast bei allen Erfassungen Trainer der Beteiligten anwesend waren, gab es weder eine Korrektur beim Anlauf, dem Gesamtablauf noch der Fußstellung des Schützlings.

Auf die Frage, ob sie den Ablauf genauer betrachtet hätten, antworteten fast alle mit Nein. Auf die Frage, ob sie gezielt beidfüßige Schusstechnik trainieren, beantworteten ebenfalls fast alle Trainer mit einem klaren Nein.

Diese Aussagen und auch diverse Trainingsbeobachtungen zeigen klar auf, dass das Trainieren diese grundlegenden Basics in fast allen Vereinen vernachlässigt wird.

Mittels des FFP-Potentialanalyseverfahrens werden diese Trainings- und Technikmängel gnadenlos angezeigt und bieten so jedem Trainer die Möglichkeit, gezielte Maßnahmen zur Verbesserung zu ergreifen.

Die **Schuss-Genauigkeits-Messung**

Technik 17	Technik 18	Beispiel: D-U12
Schussgenauigkeit starker Fuß	Schussgenauigkeit schwacher Fuß	
AZ-Treffer (Max.6)	AZ-Treffer (Max.6)	
2	3	
4	2	
5	2	
6	3	
4	1	
4	3	
3	2	
5	2	

Auch hier zeigen die Erfassungen, dass es dem Großteil aller Teilnehmer nicht gelingt auch nur annähernd sechs Treffer zu erzielen. Obwohl die Zielfelder relativ groß und die Entfernung zum Tor (11 m) für keine der Altersgruppen zu weit war. Trotzdem gelang es den wenigsten den Ball in den oberen Feldern zu platzieren. Extrem auffällig war jedoch, dass nur wenige der Teilnehmer in der Lage waren, den Ball, mit dem vermeidlich schwachen Fuß, über diese Distanz ins Ziel zu bringen. Kaum einer der betreuenden Trainer hatte sich bis dato auch nur ansatzweise mit diesem Manko befasst. Dass ihre Spieler sich bei vielen Schusssituationen erst einmal um die eigene Achse drehten, um den Ball auf den starken Fuß zu legen und das dabei viel Zeit verloren geht, wird einfach übersehen.

Mit einfachsten Übungen können diese Defizite des schwachen Fußes, an die Leistungen des starken Fußes angepasst werden. Somit erreicht der Spieler eine optimale „Beid-Füssigkeit" und kann diese nicht nur für Torschüsse, sondern auch für Flanken oder Passspiele einsetzen, ohne das Bein zu wechseln.

Schuss-Weiten-Messung

Technik	Technik	Beispiel: D-U12
14	15	
Schußweite	Schußweite	
starker Fuß	schwacher Fuß	
m	m	
20	9	
29	16	
29	15	
27	19	
30	9	
34	22	
27	19	
23	15	

Wer noch vor einigen Jahren ein Fußballspiel betrachtet hat, konnte kaum einen Querpass über die gesamte Breite des Spiels als Spielverlagerung beobachten. Heute jedoch werden diese Pässe im Profibereich mit einer fast 100%igen Genauigkeit gespielt. Auch hier gilt es, wie in den anderen Erfassungen auch, die Zuverlässigkeit und somit das Können eines Spielers festzustellen und durch gezielte Trainings-maßnahmen zu verbessern.

Auffällig bei den Erfassungen war, dass viele Teilnehmer, sobald sie mit dem schwachen Fuß schießen/flanken sollten, entweder den Ball erst gar nicht in die Höhe bekamen oder bei der Schussbewegung (Ablauf) umzufallen drohten.

Ein Spieler der Mangels-Schusstechnik nicht in der Lage ist, eine Flanke, einen Steilpass oder eine Spielverlagerung durchzuführen, wird schnell eine große Gefahr für Konter gegen das eigene Team.

Pass-Genauigkeits-Messung

Technik 19	Technik 20	Beispiel: D-U12
Passgenau. starker Fuß	Passgenau. schwacher Fuß	
AZ-Treffer (Max.3)	AZ-Treffer (Max.3)	
0	2	
1	1	
1	0	
0	0	
1	2	
1	2	
3	2	
0	0	

Das Ergebnis aus allen Erfassungen zeigt, dass die wenigsten in der Lage sind, einen ruhenden Ball über eine Distanz von 30 m in ein Tor von 2 m zu spielen. Dabei kommt es bei dieser Erfassung nicht nur auf Genauigkeit, sondern auch auf das Gefühl für Geschwindigkeit und Passweite an.

Der Kommentar eines „Fußballlehrers" nach der Ergebnis-bekanntgabe zur Leistung seiner Schützlinge gibt exakt den Bezug zu IST-Werten-Erfassungen und der damit verbunden „Brutalität der Wahrheit" wieder.

Zitat:

Wenn das Ergebnis so schlecht ist, lassen wir diese Erfassung sein oder verkürzen die Distanz von 30 auf 15 m und vergrößern die Tore von 2 auf 4 m.

Feststellung:

Wenn ich Leistungsdiagnostik (IST-Werte Erfassungen) unter diesem Aspekt betrachte, werde ich als Trainer/Verein niemals mein Training auf der Basis von Potentialanalysen aufbauen.

Wenn ich jedoch erkannt habe, dass ich durch knallharte IST-WERTE-Erfassungen und auch Ergebnisbewertungen, Schwächen meiner Spieler nicht mehr verdrängen (leugnen) kann, und gezielte Trainingseinheiten ansetzen muss, werde ich schnell erkennen, wie sich die Leistung des Spielers und auch des gesamten Teams positiv auf meine Arbeit als Trainer auswirken.

Einwurf-Weiten-Messung

Auch dieser Punkt ist ein Bestandteil der FFP-PA.

Beobachtet man ein normales Fußballspiel, egal in welcher Liga, so wird man feststellen, dass Einwürfe fast immer von den gleichen Spielern durchgeführt werden.

Der Ball wird meist nicht von demjenigen eingeworfen, der an der Stelle steht, wo der Ball ins Seitenaus ging, sondern fast immer an einen anderen übergeben. Das mag darin begründet sein, dass nur diese Spieler weit und präzise einwerfen können, oder auch in der taktischen Positionsbeibehaltung. Und wenn dann ein Einwurf stattfindet, wird er meist planlos entlang der Linie nach vorne geworfen. Dass er zu >50% beim Gegner landet interessiert quasi niemanden. Das dadurch aus einem Vorteil ein Nachteil entsteht sehen auch die wenigsten.

Wenn ich jetzt aber als Trainer anhand von Wurf-Weiten-Messungen feststellen kann, wer Weitenpotential hat und wer nicht, kann ich gezielte Trainingseinheiten ansetzen, um Wurfweiten zu verbessern und somit auch den Spieler werfen zu lassen, der dem Ball Einwurf-Punkt) am nächsten ist.

Warum sollte ich das machen?

1. Überraschungsmoment
   Der Gegner hat wenig bis gar keine Zeit seine Abwehr zu formieren.
2. Intelligenzvorteil
   Wenn jeder einwerfen kann und nicht nur stupide nach vorne, sondern auch quer über den halben Platz oder zurück zum Mitspieler, können Räume genutzt und eine vorteilbringende Ballsicherung, (Ballbesitz) erreicht werden.

Fazit einer Technik-Werteoptimierung

Nur ein Trainer, der Anhand von Zahlen-Daten-Fakten (ZDF), weiß, wo seine Spieler Potentiale und auch Schwächen haben, kann diese durch gezielte Maßnahmen individuell entweder Ausbauen oder abstellen.

Eine regelmäßige Ergebniskontrolle zeigt ihm, ob er seine Trainingseinheiten steigern oder auch umstellen sollte, um so eine noch bessere Optimierung des Spielers zu erzielen.

Es sollte ebenfalls jedem Trainer klar sein, dass eine Kette nur so stark ist wie das schwächste Glied. Auf das Team übertragen heißt das, dass das Gelingen, fast jeder taktischen Anweisung, ausschließlich vom Können des einzelnen, beteiligten Spielers abhängt.

Setze ich als Trainer auf Konterspiel, brauche ich Spieler, die in der Lage sind, einen Pass (Steilpass, Pass in die Schnittstelle etc.) zu spielen und einen oder auch zwei, die schnell genug sind diesen auch zu erreichen bzw. zu verwerten.

Setze ich als Trainer auf Ballbesitz, brauche ich Spieler, die in der Lage sind, nicht nur einen Ball sauber anzunehmen, sondern auch sicher zum Mitspieler/Torwart zu spielen und das oft über eine lange Distanz.

Setze ich als Trainer auf Pressing und Flügelspiel um die Abwehr eines defensiven Gegners zu knacken, brauche ich Spieler, die nicht nur beidfüßig Flanken, sondern auch dribbeln können und über eine gute Schusstechnik verfügen.

Ausdauer/Stehvermögen (Kondition/Kraft)

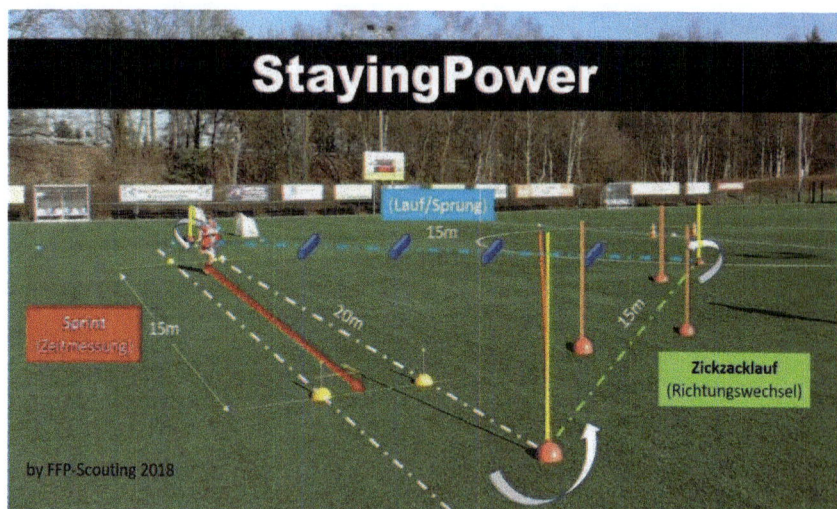

Lauft mal 3 Runden um den Platz und anschließend 1 Runde ums Dorf!

Das sind bei vielen Trainern die Einstiegsworte zum Start einer Trainingseinheit. Ohne darüber nachzudenken, praktizieren sie diese Art der Laufbewegung als vermeidliches Konditionstraining, um ihre Spieler fit zu machen. Der wahre Grund jedoch liegt meist darin, dass sie dadurch Zeit gewinnen ihren Trainingseinheiten aufzubauen.

Möglicherweise haben sie zwar schon einmal etwas von Ausdauertraining und den beiden gravierenden Unterschieden gehört, können (wollen) sich aber mit den Begriffen Aerobe und Anaerobe nicht auseinandersetzen. Wie entscheidend jedoch eine gute Fitness und somit Kondition und Ausdauer in der heutigen Zeit für ein erfolgreiches Spiel sind, zeigt sich Woche für Woche auf den Sportplätzen der Republik. Mannschaften brechen nach 60-70 Minuten komplett ein und werden vom Gegner quasi an die Wand gespielt oder verspielen klare Führungen, die sie sich noch in der ersten

Halbzeit, als sie noch Luft hatten, verschafft hatten. In der zweiten Halbzeit konnten sie dann nicht mehr mithalten. Positionen konnten nicht mehr gehalten werden, die taktische Marschrichtung geht verloren, grobe Fehler stellten sich ein, weil ihnen der Ball mangels Kondition vom Fuß springt und sie jedes Mal die berühmte Fußspitze zu spät kommen.

Und das alles nur, weil der Trainer seine Spieler falsch trainiert und vor allem ihre Werte nicht kontrolliert und somit auch nicht optimiert.

Als kurze Erklärung zu diesem Thema habe hier kurz die Aussage von Nicole Hery-Moßmann zitiert.

Aerob und anaerob - eine kurze Begriffserklärung

Es gibt zwei Arten der Energiegewinnung: Die eine ist aerob, also mit Sauerstoff, die andere ist anaerob, also ohne Sauerstoff. Der Unterschied zwischen den beiden Arten liegt im Sauerstoffverbrauch bei der Energieumwandlung.

Die Energie für die Muskelarbeit wird durch Verbrennung von Kohlehydraten und Fetten gewonnen. Von einem aeroben Energiestoffwechsel spricht man, wenn dabei Sauerstoff verbraucht wird. Diese Art der Energiegewinnung findet über die roten Muskelfasern statt, da diese Sauerstoff aufnehmen. Aerober Energiestoffwechsel findet bei niedrigen Trainings- belastungen statt. Dazu zählt beispielsweise Schwimmen oder ein langsamer Dauerlauf.

Wird schnell und intensiv trainiert, etwa bei Krafttraining, Gewichtheben oder Sprints, kann nicht mehr ausreichend Energie über den aeroben Stoffwechsel gewonnen werden. Die Muskeln verbrauchen zu viel Energie in kurzer Zeit. Dann setzt der anaerobe Stoffwechsel ein. Dabei wandelt der Körper Kohlenhydrate durch Milchsäuregärung in Energie, hierbei fällt Laktat an. Im anaeroben Stoffwechsel kann der Körper Fette übrigens nicht verbrennen. Für die Fettverbrennung wird Sauerstoff benötigt. Die anaerobe Energiegewinnung findet in den weißen Muskelfasern statt, diese können ihr Volumen erhöhen.

Die Energieausbeute ist beim anaeroben Stoffwechsel weitaus geringer als beim aeroben Stoffwechsel. Zudem kann der Körper nicht über längere Zeit aus diese Weise Energie gewinnen. Das anfallende Laktat führt zu einer Übersäuerung der Muskeln. Als Folge fällt die Leistung schnell ab.

Aerob und Anaerob: Die Unterschiede beim Lauftraining

Möchten Sie rein Ihre Ausdauer trainieren, ist aerobes Training am effektivsten. Hier kommt es nicht auf Schnelligkeit an, sondern es geht rein darum, lange Strecken zu absolvieren.

Wer den Laufsport wettkampfmäßig betreiben möchte, braucht neben Ausdauer auch Schnelligkeit. Und ein höheres Tempo geht immer mit einer höheren Belastung einher. Früher oder später werden Sie also in den anaeroben Bereich kommen. Hier empfiehlt sich Intervalltraining, also der Wechsel zwischen kurzen Sprints, die belasten und längeren Erholungsphasen im lockeren Joggen. Dadurch können Sie mit der Zeit die Schwelle zur anaeroben Energiegewinnung erhöhen.

Quelle: 05.02.2018 von Nicole Hery-Moßmann

Fazit einer StayingPower-Werteoptimierung

Mittels dieses standardisierten und geschützten Verfahrens, werden innerhalb einer Erfassung extrem viele Werte erhalten. So kann ein Trainer sehen, wann (Zeit/Strecke) sein Schützling Verschnaufpausen einlegt, wann er wieder zu Luft kommt, wie hoch sein Wille ist, den Lauf durchzustehen und seine Werte zu verbessern, u.v.m.

Er kann diese Übung sowohl in Runden, als auch in Zeiteinheiten von dem Teilnehmer absolvieren lassen und diese auf 90 Minuten hochrechnen und entsprechende Trainingseinheiten aus dem anaeroben Bereich ansetzen und den Fortschritt durch regelmäßige Potentialanalysen kontrollieren.

In Form eines angelegten Datenblattes sowohl für den Einzelteilnehmer, als auch für ein komplettes Team, (Erfassung 1, Erfassung 2 ....) kann er nicht nur den Fortschritt beim Teilnehmer, sondern auch den Wirkungsgrad seiner erarbeiteten Trainingseinheiten kontrollieren und gegebenenfalls anpassen.

Trainer, die regelmäßiges Intervalltraining mit ihren Schützlingen praktizieren, kennen den konditionellen Unterschied zwischen Teilnehmern die stupides Rundendrehen und denen, die gezielte Tempowechsel bevorzugen. Spieler die regelmäßig Intervalleinheiten (gehen, laufen, sprinten = anaerobes Training) absolvieren, haben einen viel höheren „Ausdauerstand" als Spieler die einfach nur Runden (aerobes Training) drehen und können somit länger ein, dem Niveau des Gegners und auch der eigenen Taktik entsprechendes Tempo gehen. Trainer, die diesen Vorteil erkennen, können so gegnerische Mannschaften quasi „totlaufen" und Spiele nach hinten hinaus für sich entscheiden.

Literatur für gezielte Trainingseinheiten

Es gibt unzählige von hervorragenden Büchern zum Thema: optimales Training, gezielte Trainingseinheiten, spezielle Trainingsverfahren und Trainingsanwendungen, Spieleroptimierungen etc.

Nachfolgend habe ich die größten und wichtigsten Verlage aufgelistet. Natürlich bietet es sich an bei Google oder Buchverlagen nach weiteren und speziellen Lehrbüchern und -Filmen zu suchen.

Fußballtraining bei
Amazon.de

Bücher/Filme für Fußballtrainer bei
Coachshop.de

Fußballtraining Bücher/Filme
fussballtraining24.de

Fachliteratur Fußball
bfpversand.de

DFB-Fachbücher/Filme
dfb.de

Eine Vielzahl an praktischen Tipps findest du natürlich auch auf YouTube.de

Meine Empfehlung!
gezielte Tipps zu Sprint, Schnelligkeits- und Ausdauertraining erhälts du auch aus Leichtathletik-Fachbüchern und Videoclips gleicher Anbieter wie im Fußball.

Schritt 4

Gewinn-Optimierung

mittels

Talentverwertung

in Form von: Eigenbedarf, Ausleihen, Verkauf oder Ausbildungsvergütung

Jemand der den Fußballmarkt schon etwas länger beobachtet, wird erkannt haben, dass sich nicht nur die Sitten und die Moral geändert haben, sondern mit dieser Veränderung auch die Einnahmequellen von Vereinen

Bestanden bis tief in die 1990er die Haupteinnahmen noch aus dem Verkauf von Tickets, Bannerwerbung und Mitgliedsbeiträgen sowie einem Haupt- und vielen Nebensponsoren, so finanzieren sich Proficlubs heute hauptsächlich aus Werbe- und Fernsehgeldern. Hinzu kommen Gelder aus DFB-Pokal, Euro- und Champions League Auftritten.

Umsätze der Saison 2015/16: 3,24 Milliarden Euro

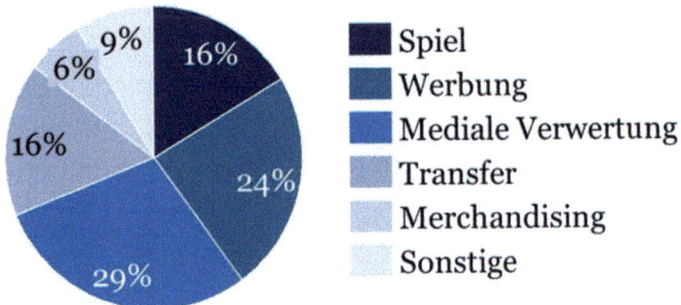

- Spiel
- Werbung
- Mediale Verwertung
- Transfer
- Merchandising
- Sonstige

Aber eine, immer stärker werdende Einnahmequelle ist der Verkauf bzw. das Ausleihen von gut ausgebildeten Talenten und Spielern an andere Vereine durch Transfererlöse.

Wer seinen Lieblingsverein 1-2 Jahre aus den Augen verliert und sich dann mit den Namen der Spieler beschäftigt, wird oft feststellen, dass er, wenn es gut läuft, noch die Hälfte kennt. Alle anderen sind neue, zugekaufte Spieler, die oft nach ein bis zwei Jahren wieder für viel Geld an andere Clubs weiterverkauft werden.

Leider haben bis dato nur wenige Vereine diese Form der Einnahmequellen für sich entdeckt. Im Amateur- und Jugendfußball jedoch fehlt ein gezieltes Ausbildungs- und Vermarktungskonzept.

Dass das FFP-Konzept dazu beitragen könnte, dass auch Kleinstvereine, sofern sie von ihrer starren Struktur (Philosophie) abrücken, sich eine lukrative Einnahmequelle und mehr verschaffen können, liegt auf der Hand.

Überall im Berufs- und auch Sportlerleben sind gut ausgebildete Menschen gefragt. Je besser die Ausbildung, desto größer der Nutzen den ein Unternehmen oder ein Verein hat.

Fußballer die schon von Beginn an gezielt (natürlich auch behutsam) optimiert wurden, bringen neben ihren individuellen Fähigkeiten auch eine top Grundlagenausbildung mit. Trainer/Vereine die auf solche Spieler zurückgreifen können, können sich in ihrer Trainingsarbeit hauptsächlich auf taktische Dinge konzentrieren und müssen sich nicht noch mit der Schulung von Basics abquälen.

Schauen wir uns diese Behauptung doch einmal etwas dezidierter an.

Gewinn 1
einer optimalen Talententwicklung nach dem FFP-Konzept

Durch eine flächendeckende und mannschaftsübergreifende Potentialanalyse mit gezielter Spieleroptimierung, erhalten Vereine, die dieses Verfahren praktizieren, bestens ausgebildete Talente und können somit ihre Teams optimal aufstellen. Das führt wiederum zu sportlichem und somit auch finanziellem Erfolg.

Mehr Mitglieder   = mehr Mitgliedsbeiträge,
Mehr Zuschauer   = mehr Einnahmen durch Ticketverkauf,
Mehr Sponsoren
und Werbepartner   = mehr finanzieller Spielraum

Gewinn 2
einer optimalen Talententwicklung nach dem FFP-Konzept

Durch eine optimale Spieleroptimierung wird die Anzahl an „Guten Spielern" zwangsläufig erhöht. Was wiederum dazu führt, dass diese Talente, sofern sie nicht im eigenen Verein eingesetzt werden, an andere, interessierte Einrichtungen oder Vereine weitergegeben werden können. Der Ausbildungsverein erhält vom Verband eine sogenannte Ausbildungspauschale. Talente die innerhalb des Vereins keinen Spieleinsatz erhalten, können an andere Vereine ausgeliehen werden um dort Spielpraxis zu erlangen um sie dann später wieder zurück zu nehmen oder an einen entsprechenden Verein, gewinnbringend zu verkaufen.

Gewinn 3

einer optimalen Talententwicklung nach dem FFP-Konzept

a) Imagegewinn
Durch das Alleinstellungsmerkmal und den, sich zwangsläufig einstellenden Erfolg, sowie die optimale Ausbildung von den „Kleinsten" bis hin zu den ersten Herren- und Damenmannschaften gewinnt ein verein an Ansehen und erhält somit auch

b) Zulauf von jungen Akteuren aus der Region
Wer möchte nicht gerne sein Kind bei einem Verein unterbringen, der einen hervorragenden Ruf sowohl als Ausbildungsstätte, als auch Sprungbrett für spätere Karieren bekannt ist.

Das gilt auch für Spieler anderer Vereine, die dort keine Zukunft mehr sehen und gerne erfolgreichen und attraktiven Fußball spielen wollen.

Und nicht zu vergessen!

Scouting-Agenturen, Ausbildungszentren und auch Profivereine werden schnell aufmerksam und sind somit Dauergäste und beste Abnehmer für gut und individuell ausgebildete Talente.

Meine Empfehlung!

Denkt einfach mal über die Gründung einer Fußball-Akademie innerhalb eures Vereins nach! Auch wenn das Wort „Akademie" für viele zu hochtrabend klingt. Eine Akademie kann auch eine kleine Abteilung innerhalb des Vereins sein, die sich mit der Optimierung von Spielern befasst.

Die praktische Umsetzung des FFP-Konzeptes

(Zusammenfassung/Kurzform)

Nutzen, Risiken und Nebenwirkungen

Wer jetzt glaubt, dass die Umsetzung des FFP-Konzepts in all seinen Details, ein „Klacks" sei, der wird spätestens bei der Optimierung der Teilnehmer sein blaues Wunder erleben.

Die Umsetzung des FFP-Konzeptes, und des dadurch erhaltenen Alleinstellungsmerkmales, basiert auf einer durchgehenden (Roter Faden) Philosophie des Anwenders.

Sicherlich ist es bedeutend einfacher das FFP-Konzept innerhalb einer privaten Einrichtung oder auch auf Verbandsebene umzusetzen, als in jedem kleinen und konservativ ausgerichteten Verein.

Während in privaten Sport-Förder-Einrichtungen oder auch im Verband, Anordnungen in Form von klaren Direktiven stattfinden und gezielt umgesetzt werden, sieht dies in Vereinen absolut anders aus.

Wie die Erfahrung zeigt, sind die meisten Vereine hierarchisch aufgebaut. Betreuer unterstehen den Trainern, Trainer dem Vorstand (Präsidenten). Bei manchen ist noch ein Trainer-Obmann/Koordinator, Sportdirektor etc. dazwischen geschaltet.

In den wenigsten Vereinen gibt es eine entsprechende Ausbildungsphilosophie, geschweige denn eine Ausbildungsrichtlinie, ähnlich einer Schule, die klare Lehrrichtlinien (Vorgaben) für jede Klasse hat. Alle Lehrer verfügen über den Abschluss eines (BWL) Studiums.

Kinder lernen:

1. Klasse – Lesen/Schreiben/Zahlenkunde
2. Klasse - Lesen/Schreiben/Rechnen
3. Klasse – Grammatik/Mathematik
   u.s.w.

Im Verein hingegen sieht es oft so aus, da kaum ausgebildete Trainer, sogenannte Papa-Trainer, die G,F,E-Jugendmannschaften trainieren. Nur wenige sind im Besitz einer C, noch weniger einer B, und nur ganz wenige im Besitz einer A-Lizenz.

Eine Trainer- und Mannschaftsübergreifende Vorgabe, was, wann, wie und auf welcher Grundlage trainiert wird, fehlt gänzlich. Dadurch werden oft die wichtigen Grundlagen wie: Basics in Technik und Koordination vernachlässigt und Spieler falsch aufgebaut.

Wie ein Beispiel aus dem Tennissport zeigt: Ein Spieler der nie gezeigt bekommen hat, wie er eine Rückhand optimal schlägt, wird sich schnell eine Fehlhaltung aneignen und somit später an seine Grenzen (zu wenig Reichweite, zu wenig Power, zu wenig....) kommen.

Beim Fußballspieler sind das: falsche Schusstechnik, mangelnde Koordination oder das Vernachlässigen der Ausbildung an dem vermeidlich schwachen Fuß, welches zu einem später Zeitpunkt kaum mehr korrigierbar ist.

Jeder Trainer/Betreuer trainiert (bildet aus) zwar mit viel Eifer und Hingabe, aber nach eigenen Vorgaben und Wissensstand. Es gibt auch keine mannschaftsübergreifende Ausbildungskoordination. Das allergrößte Manko jedoch ist die „subjektive" Spieler- und auch Mannschaftsbewertung durch Trainer und Betreuer oder auch der Vereinsleitung direkt.

Erst wenn ALLE,
vom Betreuer bis zum Vorstand
vom FFP-Konzept überzeugt sind
und dieses unterstützen,
kann es in einem Verein als
„Gewinnbringendes Projekt"
um- und eingesetzt werden.

Fassen wir zusammen!

Das FFP-Konzept ist eine Optimierung des bisher gängigen Verfahrens der Spielersichtung, der Ausbildung und Vermarktung durch Vereine, Spielervermittler und Sport-Fördereinrichtungen, inklusive der Maßnahmen die durch DFB- Stützpunkte, Leistungszentren etc. der nationalen Fußballverbände unternommen werden.

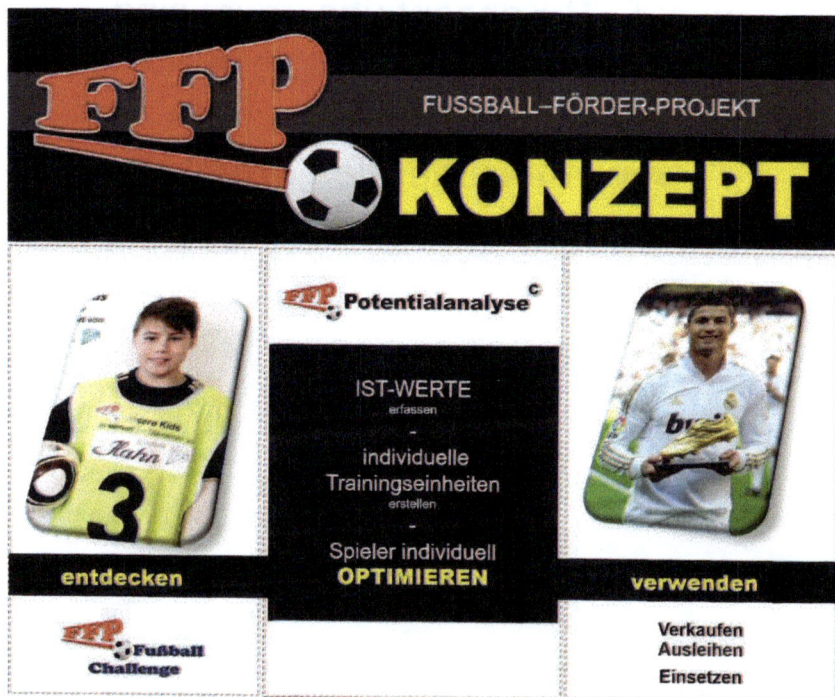

Das FFP-Konzept ist ein optimales 4-stufiges Verfahren, neue Talente zu finden, sie zu analysieren, sie zu optimieren und als „fertige" Spieler gewinnbringend einzusetzen oder zu vermarkten.

1.

FFP-Fußball-Challenge
als Talent-Findungsinstrument

Die FFP-Fußball-Challenge ist eine preiswerte und schnelle Methode einer flächendeckenden Selektion von sportbegeisterten Kindern, Jugendlichen und Erwachsenen bis zum 25. Lebensjahr, um dort eventuell vorhandene Talente aufzuspüren. Bei der, bis dato praktizierten Form der Talentfindung, werden nur Stichproben (Vereine, Sporteinrichtungen) genommen und der große Rest an Talenten (Rohdiamanten) geht verloren. Bei dem FFP-Challenge Verfahren ist es ähnlich wie bei den Goldgräbern, bei denen zuerst eine gewaltige Menge an Erde gesiebt wird um die vorhandenen Rohdiamanten zu finden. Mit der FFP-Challenge können quasi ALLE in einer Short-Analyse erfasst und bewertet

2.

FFP-Potentialanalyse
als Grundlage zur Talente-Optimierung.

Sind nun die Rohdiamanten gefunden, werden sie als erstes einer „Reinheits- und Weiterverarbeitungsanalyse unterzogen. Hier findet eine Vor- Selektierung auf der Basis von Daten, Zahlen und Fakten statt. (Wie groß, wie rein, wie ausbaufähig etc.) Erst wenn die Zahlen für eine Veredelung sprechen, wird der Rohdiamant zum Brillanten geschliffen. Genauso verhält es sich mit der ersten FFP-Potentialanalyse bei selektierten Talenten aus der FFP-Challenge. In einer 47 Werte-Einheiten umfassenden Analyse werden ihre tatsächlichen IST-Werte erfasst und bewertet. Erst dann geht es in die Optimierungshase.

3.

Optimierungsphase
auf der Basis einer kontinuierlichen FFP-PA

Um es in er Sprache der Diamantschleifer auszudrücken: der Diamant muss so lange gemessen und geschliffen werden, bis ein perfekter Brillant mit den gewünschten Maßen (Ergebnissen) vorliegt.

Das Optimierungsverfahren eines talentierten Spielers basiert auf der jeweiligen Aussage der Messergebnisse aus der FFP-Potentialanalyse. Anhand der tatsächlich gemessenen Leistungswerte, werden gezielt Trainingseinheiten erarbeitet und angewandt um Schwächen abzustellen und Potentiale auszubauen. Dieses Verfahren unterliegt einem kontinuierlichen Wechsel von Erfassung und gezieltem Training. Nur wenn ich meine Trainingsergebnisse anhand von Daten-Zahlen-Fakten kontrollieren kann, kann ich auch sehen ob die gezielt angewandten Trainingseinheiten gegriffen haben oder ob ich nachbessern muss. Erst wenn die Ergebnisse zufriedenstellend sind, kann ich den Brillanten (das Talent) entsprechend einsetzen (verwerten).

Im heutigen Profifußball gehört diese Praktik quasi zum Alltag.
Im Amateurfußball hingegen besteht ein großer Streuverlust in der bis dato angewandten Spieleroptimierung. Das liegt u.a. daran, dass in den unteren Amateurklassen und deren Jugendmannschaften so gut wie keine Leistungstests mit anschließender Optimierung durchgeführt werden. Hier entscheidet alleine die SUBJEKTIVE Meinung/Beurteilung von zumeist wenig oder nur schlecht qualifizierten Trainern und Betreuern, über das „Sein oder Nichtsein" eines Spielers oder einer Spielerin.

Gewinnphase
Talent-Verwertung

Bleiben wir bei Sprache der Diamantschleifer.

Wir haben aus einem Rohdiamanten nun einen Brillanten geschliffen. Jetzt soll er auch „Brillieren" und uns für unseren Aufwand belohnen.

In der Sprache der des Fußballs heißt das:
das Talent ist optimiert und wir haben einen „perfekten" Spieler aus ihm gemacht.

Jetzt bieten sich uns verschiedene Möglichkeiten, ihn Gewinnbringend einzusetzen bzw. zu vermarkten.

Möglichkeit 1

Empfehlung an weiterführende Fußballschulen
Wir haben ihn zwar in den Basics ausgebildet, aber jetzt gehört er in „professionelle Hände". Also bietet es sich an, ihn an Fußballvereine, Fußballinternate oder DFB-Stützpunkte für eine Weiterbildung zu empfehlen.

Gewinn:
„Das aktuelle FIFA-Reglement bezüglich Status und Transfer von Spielern definiert in Artikel 20 die Ausbildungsentschädigung und in Artikel 21 den sogenannten Solidaritätsmechanismus unter Vereinen

Möglichkeit 2

Eigenverwendung
Viele Vereine unterhalten Mannschaften in unterschiedlichen Spielklassen und freuen sich über jedes Talent welches aus den eigenen Reihen erwächst. Deshalb ist es oft ratsam, gut ausgebildete Talente (Brillanten) durch Spielpraxis noch weiter zu veredeln. Das steigert der Wert und auch den Tabellenstand der eigenen Mannschaft.

Gewinn:
Konkurrenzfähigkeit, Attraktivität, Imagegewinn Wertsteigerung des Talentes durch Spielpraxis.

Möglichkeit 3

Ausleihen/Verkaufen
Ich habe hier die einzelnen Punkte zusammengefügt, da ein Ausleihen oft auch mit einem Spielerverkauf einhergeht. Dabei verhält es sich mit der Gewinnspanne ähnlich wie bei Brillanten. Entscheidend ist wer ihn brauchen und bezahlen kann. Eins gilt jedoch für beide: Talent und Brillant – je besser, desto wertvoller desto mehr Ertrag.

Gewinn:
Geld, Kontakte, Interesse von Scouting-Agenturen und Proficlubs, Imagegewinn als Talentschmiede.

Klartext

Wer zu spät kommt, den straft das Fußball-Leben

Es gibt nicht mehr viel zu sagen.

Wer das Konzept aufmerksam gelesen hat, sich objektiv und kritisch mit der sportlichen und auch finanziellen Situation in seinem Verein auseinandergesetzt hat, wird schnell erkennen, dass es kaum eine Alternative zum FFP-Konzept gibt, wenn er wirklich etwas verändern will.

Wer dem „weiter so" zugetan ist und meint, dass die Lösung vom Himmel fällt, oder dass die Verbände, sofern sie nicht ihre bisherige Philosophie überdenken, ihnen helfen werden, der wird unweigerlich auf der Strecke bleiben. Zu groß sind die gesellschaftlichen Veränderungen, als das man an alten Traditionen und dem „das haben wir schon immer so gemacht" festhalten kann. Da helfen auch nicht ein paar neue Trikots oder Trainingsgeräte etwas, da hilft nur ein rigoroses Umdenken.

Wie auch bei der Talentoptimierung mittels einer FFP-PA, bei der Zahlen/Daten/Fakten zählen, so sprechen auch die Zahlen der DFB-Statistiken 2010,2017,2018 eine klare Sprache und belegen ohne Wenn und Aber, den Abwärts-trend im deutschen Fußball.

Zeitraum 2010-2018 (8 Jahre)

angemeldete	2010	2018	Diff.	%
Vereine	25.703	24.742	- 961	3,74
Mannschaften	177.039	154.877	-22.162	12,52

Quelle: www.dfb.de/verbandsstruktur/mitglieder/statistiken

Schaut man alleine auf die Zahlen aus dem Zeitraum 2017-2018 (1Jahr), so ergibt sich ein ähnliches Bild des klaren Abwärtstrends.

angemeldete	2017	2018	Diff.
Vereine	24.958	24.742	- 216
Mannschaften	157.313	154.877	-2.436

Quelle: www.dfb.de/verbandsstruktur/mitglieder

Schaut man sich dann noch die durchschnittliche Zahl der Vereinsauflösungen aus den letzten 8 Jahren an, so kommt man auf ein Mittel von 120/Jahr. Betrachtet man sich nun die Zahl der Vereinsauflösungen allein im Jahr 2017 auf 2018 mit 216 Vereinsauflösungen an, so stellt man fest, dass sich die Zahl im Jahresschnitt fast verdoppelt hat. - *Tendenz steigend!*

Würde der DFB diese Statistiken nicht führen, würde er ähnlich wie die meisten „Anti-Statistiker" seinem subjektiven Empfinden folgen und zu dem Schluss gelangen, dass sich in den letzten Jahren so gut wie nichts verändert hat.

Aber genau das machen die meisten Vereine und Trainer! Sie beurteilen den Zustand ihrer Vereine und Mannschaften quasi aus er Ferne und vermeiden Daten-Zahlen-Fakten um jeglicher „Gegenlenk" -Maßnahmen aus dem Weg zu gehen.

Frei nach dem Motto:

Was ich nicht weiß-macht mich nicht heiß.

Wer JETZT immer noch glaubt, dass er seinen Verein, seine Mannschaften und Erfolge auf „Ehrenamtlichkeit" und „Tradition" aufbauen und erfolgreich in die Zukunft führen kann, wird schnell zu denen zählen, die ihren Verein aufgeben oder ihre Mannschaften abmelden müssen.

Weitere Bücher zum Thema

Leistungsdiagnostik im Amateur- und Jugendfußball

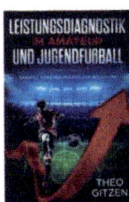

Leistungsdiagnostik im Amateur- und Jugendfußball

Warum Zahlen, Daten, Fakten mehr aussagen als subjektiv(...)

Theo Gitzen

Verlag: Books on Demand
Erscheinungsdatum: 15.06.2018

4,49 € E-Book
inkl. MwSt.
sofort verfügbar

Das FFP Potentialanalyseverfahren

IST-Werte korrekt erfassen und auswerten

Theo Gitzen

Verlag: Books on Demand
Erscheinungsdatum: 17.07.2018

9,99 € E-Book
inkl. MwSt.
sofort verfügbar

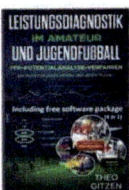

Das FFP Potentialanalyseverfahren

Das Team- und Spieleroptimierungsverfahren für Amateur-(...)

Theo Gitzen

Verlag: Books on Demand
Erscheinungsdatum: 20.08.2018

39,90 € Buch
inkl. MwSt. / portofrei
sofort verfügbar

9,99 € E-Book
inkl. MwSt.
sofort lieferbar als Download

Erfolgreich trainieren

Grundsätzliches für (Papa)-Trainer und Betreuer

Theo Gitzen

Verlag: Books on Demand
Erscheinungsdatum: 27.11.2018

13,99 € Buch
inkl. MwSt. / portofrei
sofort verfügbar

3,99 € E-Book
inkl. MwSt.
sofort lieferbar als Download

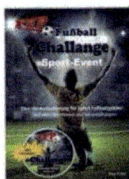

Die FFP Fußball Challenge

Ein Muss für jedes Fußball-Event

Theo Gitzen

Verlag: Books on Demand
Erscheinungsdatum: 14.08.2018

19,99 € E-Book
inkl. MwSt.
sofort verfügbar

Der FC ImmerGut

Tradition verpflichtet

Theo Gitzen

Verlag: Books on Demand
Erscheinungsdatum: 10.09.2019

7,50 € Buch
inkl. MwSt. / portofrei
sofort verfügbar

0,99 € E-Book
inkl. MwSt.
sofort lieferbar als Download

findest in allen online-Buchshops im Internet unter:
Theo Gitzen

Dazu zählen: **BoD.de**

amazon.de   Thalia.de   Hugendubel

bücher.de   OSIANDER.de   Rupprecht

Mayersche   kobo   Google Play

tolino   eBook.de   genialokal.de